シリーズ
知の図書館
1

図説 世界を変えた50の哲学

Fast Track
Philosophy

◆著者略歴
ジェレミー・スタンルーム（Jeremy Stangroom）
イギリスの著名な哲学者、社会理論家、著述家。1997年にジュリアン・バジーニとともに「フィロソファーズ・マガジン」を創設し、そのウェブサイト（www.philosophyexperiments.com）も運営している。これは世界でもっとも広く読まれている哲学関連の定期刊行物のひとつである。著書は、『アインシュタインの脳パズル』『哲学者は何を考えているのか』など多数。ロンドン・スクール・オヴ・エコノミクスから政治社会学のPh.D.を取得し、「宗教の科学的検証委員会」のフェローに選ばれた。

◆訳者略歴
田口未和（たぐち・みわ）
上智大学外国語学部卒。新聞社勤務をへて翻訳業。おもな訳書に、『ビジネスについてあなたが知っていることはすべて間違っている』『悪魔の取引』（ともに阪急コミュニケーションズ）、『デジタルフォトグラフィ』（ガイアブックス）、『インド 厄介な経済大国』（日経BP社）、『子どものための世の中を生き抜く50のルール』（PHP研究所）など。東京都在住。

Illustrations by: Eva Tatcheva

Conceived and produced by Elwin Street Limited
3 Percy Street, London W1T 1DE
www.elwinstreet.com
This Japanese edition published by arrangement
with Elwin Street Limited, London
through Tuttle-Mori Agency, Inc., Tokyo

シリーズ知《ち》の図書館《としょかん》1
図説《ずせつ》世界《せかい》を変《か》えた50の哲学《てつがく》

●

2014年4月25日 第1刷

著者………ジェレミー・スタンルーム
訳者………田口未和《たぐちみわ》
装幀………川島進（スタジオ・ギブ）
本文組版………株式会社ディグ
発行者………成瀬雅人

発行所………株式会社原書房
〒160-0022 東京都新宿区新宿1-25-13
電話・代表 03(3354)0685
http://www.harashobo.co.jp
振替・00150-6-151594
ISBN978-4-562-04993-6

シリーズ
知の図書館
1

図説 世界を変えた50の哲学

Fast Track Philosophy

ジェレミー・スタンルーム 田口未和 訳
Jeremy Stangroom *Miwa Taguchi*

目次

序文

哲学者のウィルフリド・セラーズによれば、「哲学の目的は、言葉のもっとも広い意味における物事が、言葉のもっとも広い意味においてどのように結びついているかを理解すること」である。本書の構成にもこの考え方を採用した。本書では世界の偉大な思想家50人を紹介しているが、厳密にいえば、全員が哲学者というわけではない。たとえばマックス・ヴェーバーは社会学者で、ローレンス・コールバーグは心理学者だ。しかし、50人すべての思想が哲学的な関心をふくむ内容だったことでは共通している。

このような本にふくめる思想家の選択が、ある程度恣意的になるのはいたしかたない。したがって、まぎれもない天才哲学者のXがふくまれず、せいぜいつきなみでしかない哲学者Yがふくめられていると不満をもつ読者もまちがいなくいるだろう。そうした不満に対しては、とまどいの表情を向けるにとどめておく。本書が世界のもっとも偉大な哲学者50人を集めた決定版だというつもりはこれっぽっちもない。そんなことは不可能でもある。本書で紹介する50人は、世界がこれまでに知るもっとも頭脳のすぐれた人たちだが、もちろん、ほかにも同じくらいすぐれた哲学者はいる。

本書はコンパクトにまとめる必要から、各人の思想について語るうえではある程度妥協せざるをえなかった。そのため、ひとりにつき主要な主張のうちのひとつかふたつをとりあげ、その詳細のごく一部を紹介するという方針を採用した。哲学的な主張はどのような形で発表され、それに対してどのような反論がなされるのか。その考察をとおして、読者に哲学的議論とはどんなものなのかを感じとっていただくことが本書の目的である。

哲学の定義は、ある特定の思考様式だということができるだろう。哲学者は論理的な主張をつらぬき、さまざまな見解とそれがたどる道筋を検討し、異論や反論にそなえ、客観性を保つために先入観を排除しなければならない。この意味で、哲学は古代ギリシア人が考えていたような知識への愛というよりは議論への愛であり、すぐれた議論をとおして知恵を得ようとするものだ。もし読者に歴史上のもっともすぐれた哲学的議論のいくつかを紹介することができれば、本書は十分にその役割を果たしたことになる。

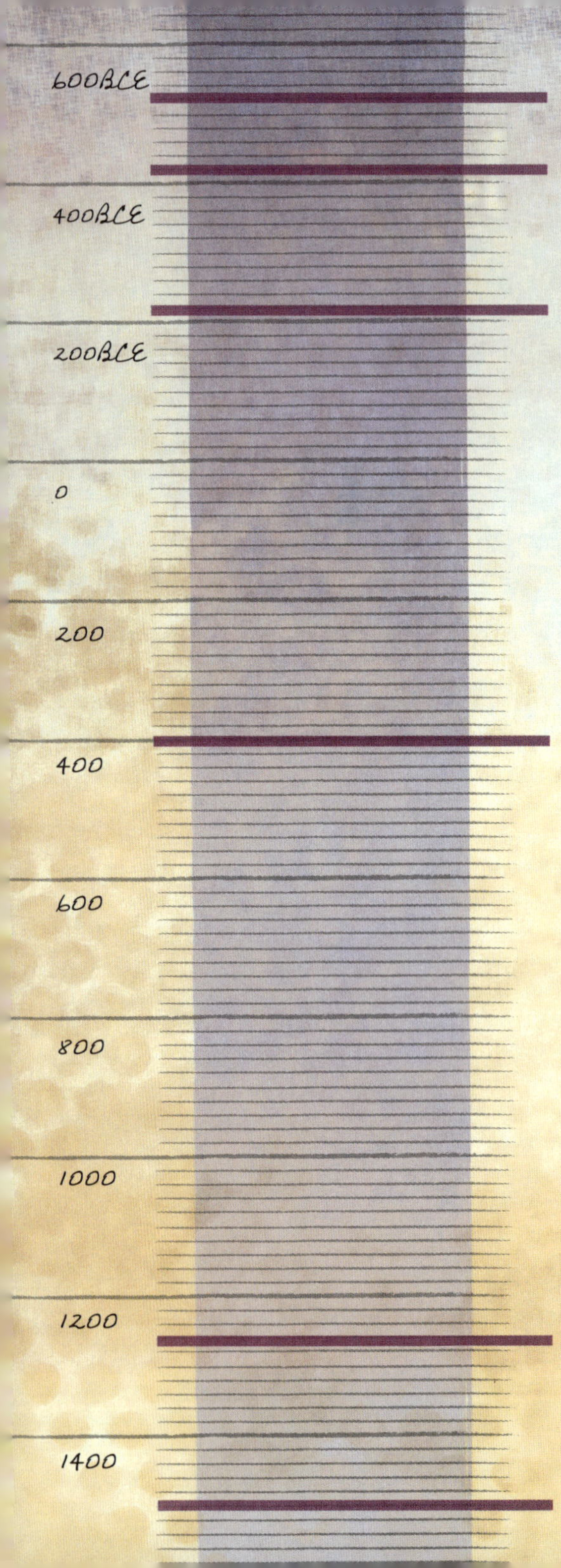

ピュタゴラス　現存する著作物なし（前6世紀後半頃）

ソクラテス　現存する著作物なし（前4世紀頃）

プラトン　『国家』（前390年頃）

アリストテレス　『政治学』（前335-323年）

アウグスティヌス　『三位一体論』（400-415年）

トマス・アクィナス　『神学大全』（1265-1274年）

ニッコロ・マキャヴェッリ　『君主論』（1532年）

第1章
古代・中世の哲学

　哲学の起源は、古代ギリシアにタレス、ヘラクレイトス、パルメニデスら、ひとにぎりのなみはずれた思想家たちが現れ、新しい世界の見方を提唱した「ギリシアの奇跡」とよばれる時代にまでさかのぼる。この章では古代と中世の偉大な哲学者たちの代表的な思想をとおして、彼らがどのように今日まで続く哲学の基礎を築いたかを考える。

認識論

哲学史のもっとも初期の時代から、なにかを知ることはほんとうに可能なのか、そして、もしなにかを知ったとしても、ほんとうにそれを知ったとどうしていえるのか、という問題が思想家たちを悩ませてきた。たとえば、ソクラテスの有名な話がある。彼は、「自分はなにも知らないが、すくなくとも自分がなにも知らないことを知っている」と述べた。また、ソフィスト（古代ギリシアの弁論の教師）のなかでももっとも有名なプロタゴラスは、おもに「人間は万物の尺度である」という主張によってその名声を築いた。これは簡単にいえば、すべての信念はそれを主張する人物の視点から見れば真実であるということを意味した。

プロタゴラスの見解は、相対主義の初期の例となる。物事は特定の視点からのみ真実あるいはいつわりである、とする考えだ。はるか昔に彼の主張がひき起こした反応から、哲学者たちが長い歴史を通じて相対主義の脅威と彼らがみなすものにどう立ち向かってきたかを知ることができる。

まず、プロタゴラスの批判者たちは、彼の発言が自己矛盾していることを示そうとした。もしすべての信念がだれかの視点から見て真実であるなら、「すべての信念はだれかの視点からは真実ではない」という信念もまた真実でなければならず、そう考えれば、「すべての信念がだれかの視点からは真実である」とする彼の主張は真実ではありえないというパラドックスが生じる。残念ながら、この批判者たちの主張はそれ自体が簡単に論破された。相対主義者は真実についての主張を普遍化しているわけではない。つまり、彼らはただ、ある信念はそれをもつ人たちにとっての真実なのであって、すべての人にとっての真実ではないといっているのである。

しかし、これによって相対主義者たちにはより手ごわい反論が向けられることになった。「ある特定の信念はそれを主張する人にと

「唯一本当の知恵とよべるものは、わたしたちが何も知らないと知ることだ」

ソクラテス

ってのみ真実である」というかぎられた意味において、特定の信念がすべての人にとって真実であるとするなら、それは空論でしかない。実際に、そうした主張をすることに意味があるのかどうかさえわからなくなる。なにかがひとりの人間にとってのみ「真実」になりうるという考えは、真実という概念に反するように思われる。

しかし、相対主義とその親戚ともいえる懐疑主義は、消えてなくなることはなかった。近代初期のモンテーニュらは、新世界では人々がまったく異なる生活を送っていることを知り、これらの思想に悩まされるようになった。18～19世紀の哲学者たちは、疑う余地のない知識の土台を見いだそうとするデカルトの懐疑主義や、知識は外の世界から入ってくる感覚印象にもとづいているというロックの思想が何を意味するのかに悩まされた。その後、20世紀の哲学者は世界の理解に言語が果たす役割に関心を向けた。彼らは、真実についての主張は特定の会話または「言語ゲーム」ごとに変わるものなのか、あるいはより急進的な派の場合は、言語がまったくなにについても語っていないということはあるのかという問いに悩まされた。そこで、知識に焦点をあてる哲学の一部門、認識論がしばしば火消しに使われる。この理論は、わたしたちが知っていることよりも、わたしたちはまったく知らないという主張を論破することに主眼をおいている。

ピュタゴラス

Pythagoras

現実世界の数学的基礎を明らかにする

生年
前580年頃、イオニア地方サモス島、ギリシア

没年
前500年頃、ルカニア地方メタポントゥム、マグナ・グラエキア（現イタリア）

バートランド・ラッセルは、ピュタゴラスを歴史上もっとも重要な哲学者のひとりと高く評価した。現代人の考えからすると、この評価には少し首をかしげたくなるかもしれない。ピュタゴラスが不死と輪廻（人の魂は肉体の死後も別の生き物の体に移って存続するという考え）を信じる神秘主義信仰を創始した人物であることを考えれば、なおさら奇異に感じられるだろう。しかし、ピュタゴラスには物事を深く考える理性的な側面もあった。

ピュタゴラスはすぐれた数学者で、有名な「ピュタゴラスの定理（三平方の定理）」のほかに、音楽の数学的基礎を発見したとされている。伝えられるところによれば、彼がはじめて数学と音楽の関係に気づいたのは、鍛冶屋が作業するようすを見ているときだった。槌が金床を打つ音の高低が、槌の重さによって変わることに目をとめたのだ。この発見は彼の弟子たちによってさらに深められた。彼らは音階の各音を生み出すために必要な竪琴の弦の長さは、正確な数学的比率にもとづいて決められることをつきとめ、それによって、音楽の美しさが数学的構造に支えられていることを示した。

ピュタゴラスと弟子たちにとって、これは現実世界の根本的な構造を解き明かす手がかりとなるものだった。目に見える世界の奥を探れば、「すべての物は数でできている」と彼らは宣言した。しかし、この言葉で彼らがなにを意味しようとしていたのかははっきりしない。問題は、ピュタゴラス自身の手による文献はまったく残っておらず、弟子が書いたと思われる彼の講義の断片が残るだけということだ。それでもラッセルは、ピュタゴラスは現実世界を分子という観点から眺めていたのではないかと示唆している。そして、人体もまた最終的には個々の原子から構成され、それによって数学的分析も可能になると考えていたのではないかと。

ピュタゴラスの影響はふたつの分野におよんだ。数字が現実世界の構造を支えているという彼の考えは、宇宙を科学と数学から理解しようとする後世の試みの先駆けだった。たとえば、プラトンは『国家』のなかで、哲学、数学、音楽、天文学などに関心を向ける「ピュタゴラス式」の生活様式について記している。これとはまったく方向が異なるが、ピュタゴラスの影響は宗教的信仰を数学的に完璧なイデア界と結びつけるさまざまな試みのなかにも見てとれる。

おなじみの「**ピュタゴラスの定理**」を使うと、直角三角形の斜辺の長さを残る２辺の長さから求めることができる。しかし、これはピュタゴラスが後世の数学界に残した遺産のほんの一例にすぎない。

ソクラテス
Socrates

ソクラテス式問答法を生み出す

生年
前470年頃、アテネ、ギリシア

没年
前399年頃、アテネ、ギリシア

ソクラテスは文章の形ではわたしたちになにも残してくれていない。彼の思想や行動について知るには、クセノポンが書き記したものと、プラトンの初期の対話篇にほぼ全面的に頼るしかない。実際のところ、プラトンの対話篇からは、ソクラテスの特定の思想というよりは哲学的「思考法」についてより多くを学ぶことができる。

ソクラテスが使った定番の戦略は、ひとりの人物またはグループに近づき、なにかの概念、たとえば「正義」や「美徳」のような抽象的概念の本質について問いかけるというものだった。そして相手がなにか答えると、すかさず異議を唱える。それをくりかえすうちに、やがて相手は混乱して自分の当初の発言と矛盾するようなことを言ってしまう。

ソクラテスがなぜこんなことをしたのかについては、学者たちのあいだでも意見が分かれている。対話をとおして主題となっている概念の定義が導き出されることはなく、したがってその主題へのソクラテスの見解が明らかになることはまれだった。実際、彼が「自分はなにも知らないが、すくなくとも自分がなにも知らないことを知っている」と言った話は有名だ。そのため、デルフォイの神託が「ソクラテスほど賢い者はいない」と告げたとき、それを聞いて驚いたソクラテスは、すぐにその神託はまちがいだと証明しようとしたという。しかし彼は人々との対話をとおして、自分も話しかける相手も基本的には無知だが、自分がほかの人たちと違うのは、すくなくとも自分が無知であることを知り、それを認めていることだと気がついた。したがって、ある意味で神託は正しかったのだ。ソクラテスの知恵は自己認識、つまり自分はなにも知らないことを堂々と認めていたことにあった。

ソクラテスは、哲学の核心は単純に哲学的思索にふけることにある、いいかえれば、批判的な議論に参加する行為のなかになにか本質的な価値があるのだと考えていたのかもしれない。事実、彼は自分のことを一日中アテネの市民に質問し責めたてる、うるさいアブのようなものだと表現していた

しかし最後には、その哲学的思索の方法が彼に大きな代償をはらわせることになった。アテネの権力者たちがソクラテスのしつこい質問にうんざりし、彼を「若者を堕落させた罪」と「アテネの神々を信仰しない罪」で裁判にかけ、死刑を宣告したのである。友人や家族に命乞いの嘆願をしないように言いふくめたソクラテスは、わたしたちが想像するとおりの、いかにも彼らしい死に方をした。死にいたらしめる毒ニンジンの杯をあおった彼は、それから穏やかに友人たちと哲学的議論を始めた。

ソクラテスはごくふつうの市民を相手に人生や人生をどう生きるかについての議論をはじめ、相手の考えに反論をくりかえして混乱させ、最後には自己矛盾する発言をさせた。このソクラテスの対話戦術は「反対論証法」とよばれる。

プラトン

Plato

完全なるイデア界の存在を論じる

生年
前427年頃、アテネ、ギリシア

没年
前347年頃、アテネ、ギリシア

プラトンの哲学的思想はあまりに広範にわたるため、それを要約という形にするのはむずかしい。とはいえ、その思想の多くをつらぬく共通の糸が、「イデア界」という彼の観念と結びついていることは明らかにできる。プラトンの見解は知識の本質についての深い思索にもとづいている。彼は日常の刻々と変化する世界についてわたしたちが純粋な知識をもつことはできないと論じた。

たとえば、なにかの色を赤だと言うときに、それがなにを意味するかを考えてみてほしい。ある本の表紙の色を赤だと言うとき、最初はそれが明白なことだと思えるかもしれない。しかし、暗い部屋のなかで見るとどうだろう？　まだ表紙は赤い色に見えるかもしれないが、明るい場所で見たときとはまちがいなく違って見えるはずだ。あるいは、その表紙が少し色あせたとしたらどうだろう？　まだ赤には違いないが、もしそうなら前とは違う色なのに、なぜ赤だといえるのだろう？　別の例をあげるなら、ある動物を犬とよぶときには、それは何を意味するのだろう？　犬が四つ足で毛の生えた、尻尾のある動物ということはまちがいない。しかし、その犬に足が１本、あるいは尻尾がなかったとしたら？　犬を犬にしている本質とは正確にはなんなのだろう？

この種の思考をとおしてプラトンがたどりついたのは、知識とは完璧な永遠の真理を知ることにほかならないという見解だった。その目標を達成するため、また真の知識を得ることは可能だと説明するため、彼は現実世界とは別のイデア界が存在すると仮定した。そこには事物の永遠不変の理想的なかたちであるイデアが存在し、現実世界にある事物はそのイデアの影のようなコピーでしかない。したがって、赤い色、犬、クワガタ、その他のあらゆる実在する事物のそれぞれに、完璧なかたちのイデアが存在する。

しかし、プラトンのイデア論は、目に見えるシンプルな物質だけにとどまらず、「正義」「美」「善」のような抽象的な概念をふくむ。これらもまたイデア界に完璧なかたちのものが存在するとプラトンは信じた。わたしたちの日常世界に存在するものは、それが正義や美のイデアの性質をもつために正義や美と認識される。イデアを直接知覚することは決してできないが、プラトンはそれを理解できるようになるとほんとうに信じていた。ここに哲学が果たすべき役割がある。イデアの領域についての知識を得るには、理性を使わなければならないからだ。

プラトンがそこから到達した見解は、著書『国家』にまとめられている。このなかで彼は、理想的な国家は哲学者の王によって統治されるものだと論じた。すべての人間のなかで真の知識と知恵にもっとも近い場所にいるのが哲学者だからである。

プラトンは、すべてのものが「イデア界」につながっているという見解を発達させた。わたしたちが地球上で見るもの、知るものは、それが犬でも、色でも、正義のような概念でも、すべては完璧なイデアの不完全なコピーにすぎない。

アリストテレス
中庸論を唱える

Aristotle

生年
前384年、マケドニア地方スタゲイラ、ギリシア

没年
前322年、ユービア島カルキス、ギリシア

プラトンが開設した学園「アカデメイア」の生徒だったアリストテレスは、古代の哲学者のなかではもっとも新しい時代の人物だ。彼は、知識を追求するなら、知ろうとする対象を部門ごとに分類すべきだと初期に主張したひとりだった。たとえば、自然哲学、今でいえば科学に相当するもの、そして、今では哲学とよばれている形而上学が区別された。

物質世界の働きに関心をもっていたことからも、アリストテレスが哲学に総合的なアプローチで取り組んだことがわかる。万物の根源は形のある物体のなかに存在し、観察によってそれを知ることができると信じた彼は、生物を集中的に研究し、500種以上の動物を詳しく調べた。彼の見解にはまちがいも多かったが——たとえば、思考の働きは脳ではなく心臓の周辺で起こるものと考えた——、後世の生物学の発展につながる初期の貢献をしたことはまちがいない。おそらくもっとも画期的だったのは、およそ2000年後に登場するリンネ式分類法を予感させる動物の分類法を発明したことだ。

アリストテレスは、物の存在はその機能という点から、つまり特定の目標を達成するために果たす役割という観点から説明できると考えた。たとえば、動物に肺があるのは心臓に空気を送るためで、そこで空気は温められ、身体に不可欠な生命力の源である「プネウマ（精気）」に変化する。アリストテレスはこの分析を人間にも拡大し、人間を構成する内的原則を見るかぎり、わたしたちに本来そなわる固有の機能は理性をもちいることだと考えた。

この概念は彼の倫理についての考えとも関連している。あるものの徳は、それがどれだけ潜在的可能性を実現させられるかに応じて決まる。そう考えると、人間は理性のさししめす方向に従った行動をとれば、すぐれた結果を出すことができるはずだ。これがアリストテレスを彼の中庸論、すなわち人間は直面する状況への反応として過度と不足の両極端を避ければうまく行動することができる、という理論に導いた。

ここに記したアリストテレスの思想の概略は、彼のあまりにも大きな哲学への貢献のほんの表面をかすめた程度のものでしかない。論理学、形而上学、政治学、倫理学、生物学、心理学をはじめとする多分野に広がる彼の思想は、現在もなお、哲学的議論のための基礎として用いられつづけている。

アリストテレスは一定の手順にしたがった経験的調査とデータ収集の重要性を主張した最初の哲学者だった。それが一種の科学的手法の発達にはずみをつけた。

アウグスティヌス
予定説の基礎を築く

Augustine

生年
354年、タガステ、ヌミディア（現アルジェリアの一部）

没年
430年、ヒッポレギウス（現アルジェリアの一部）

ヒッポの聖アウグスティヌスの神学理論は厳格で、人間の創造と堕落についての独自の認識にもとづいていた。アウグスティヌスによれば、アダムは自由意志をもつ者として創造されたのであり、みずからの内面的な力によって罪を犯さずにいることができた。しかし、アダムはその力に従わないことを選び、その結果として堕落した。この原罪を受け継いできたことが人類の罪であり、したがって人間は堕落している。つまり、永遠に地獄で暮らすことを宣告されても、それはわたしたちが負うべき罪なのだから不満を口にすることはできない。

重要なのは、アウグスティヌスはすべての人間が地獄に落ちる運命だとは考えていなかったことだ。神の恩寵により、洗礼を受けた信者のうち選ばれた少数の者だけは救われる。しかし、ひとつ忘れてはいけない重要な点がある。アウグスティヌスは、親切な行ないや道徳的な生活を送ることで天国での居場所を手に入れられるとは考えていなかった。人間は生まれながらにして堕落しており、それ自体は変えようがない。しかし、神は寛大にも選ばれた少数の者に恩寵をあたえることを選び、その選ばれた者は神の道に従うことを許され、死んだときには天国に行ける。

バートランド・ラッセルは西洋哲学史にかんする著作のなかで、アウグスティヌスの予定説には興味深いものがあると指摘した。神は大部分の人間が地獄で永遠にすごす運命にあると知りながら人間を創造したことになるが、そのことについてアウグスティヌスはそれほど気にかけていなかったように思われる。しかし、原罪説に従えば、身体だけでなく罪の中心である魂も親から受け継がれたことになるという点については悩まされていた。彼はこの難問を解決することは自分にはできないと認め、うやむやのままにした。ラッセルは、アウグスティヌスや彼と同時代の偉大な知識人たちを悩ませていた原罪の問題を考えれば、「それに続く時代は、残酷さと迷信深さにおいてはそれ以前のすべての時代をしのいだ」ことも驚くことではない、と述べている。

キリスト教思想への影響という点では、アウグスティヌスの重要性にまさる者はほとんどいないだろう。しかし、彼の神学思想はあまりに厳格で不寛容なため、たとえ現在とは異なる基準が支配的だった時代の人物であることを考慮に入れても、称賛の言葉を向けることはためらわれる。

アウグスティヌスは生殖のために必要な場合をのぞき、性行為は避けるべきだと考えていた。性欲に負けて意志をまげることは、高潔な人はつねに自分の意志のしもべでなければならないという教えに反するからだ。

トマス・アクィナス
信仰と理性を調和させる
Thomas Aquinas

生年
1225年頃、ロッカセッカ、イタリア

没年
1274年、フォッサヌオーヴァ、イタリア

トマス・アクィナスは信仰と理性を調和させることは可能であり、望ましくもあると信じた。宗教が説く神の真理は絶対的なものだが、アリストテレスの合理的追求によって得られた知識を単純に切りすてることはできない、と彼は考えた。したがって、宗教は理性によって支えられている、つまり、信仰とは別に、聖書で述べられた真実を信じるもっともな理由があると示す必要があった。

理性の枠組みのなかで物事を考えるというアクィナスの望みがもっともよく表れているのは、おそらく彼の提唱した「五つの存在証明」だろう。運動、因果律、必然性、完全性、目的についての議論をもとに、神の存在を証明しようとする試みだ。たとえば「第２の道」は、世界は明確な因果律によって特徴づけられると説明する。あらゆる連続的な出来事において、それぞれの事象の原因はそれに先だつ原因の結果であり、その結果が次の事象の原因になる。重要なポイントは、この因果の連鎖を無限にさかのぼることはできないということだ。どこかの時点で、原因をもたない原因が存在しなければならない。つまり、因果の連鎖の出発点となったものだ。アクィナスによれば、この原因をもたない原因が神なのである。

しかし、この主張は決定的なものではない。仮に因果の連鎖を無限にさかのぼれないと認めたとしても、原因をもたない最初の原因がはたしてわたしたちが神とよぶ種類のものかどうかは明らかではない。もちろん、それがキリスト教の聖書の神――全能と善意の存在――と信じる正当な理由はない。「五つの存在証明」はしたがって、神の存在を証明する決定的なものではないが、宗教的信仰を支えるために理性を利用できる方法を示したという点での重要性は変わらない。

忘れてはいけないのは、アクィナスも理性が神についての完全な知識に導いてくれるとは考えていなかったことだ。わたしたちは物理的世界を理解できるようになる能力をもつが、神を完全に知るだけの知識はもたない。わたしたちが実際に得られる知識は不完全で、類推や否定をとおして間接的にあたえられるものでしかない。

アクィナスの思想は大きな影響力をもった。彼は宗教的信仰が不合理である必要はないことを、そして、たとえ最終的には真理にいたる道が信仰だったとしても、哲学的議論を役だてる余地はまだ十分にあることを示した。

アクィナスの思想のなかには、世界は明確な因果律で特徴づけられるというものがあった。もしあなたが石を動かすために棒を使えば、石は棒が原因で動いたのであり、その棒はあなたの手が原因で動いたことになる。

ニッコロ・マキャヴェッリ

Niccolò Machiavelli

リーダーシップの原則を定める

生年
1469年、フィレンツェ、イタリア

没年
1527年、フィレンツェ、イタリア

ニッコロ・マキャヴェッリは無道徳主義者《アモラリスト》だった。彼は指導者が政治的決断をくだすときには道徳的な考慮を脇に置いておくべきだと考えた。指導者は権力をしっかりにぎっておくことだけを考えればよい。つまり、指導者はときには残酷になることが求められ、罰の恐怖によって支配しなければならず、一般的な許容基準からすれば不道徳だと判断されるような方法でふるまう必要がある。

しかし、マキャヴェッリが非道な行為それ自体を好んだと考えるのはまちがいだろう。彼の政治思想はそれよりはるかに洗練されたものだった。指導者のなかでももっとも価値あるつとめをになう者、あるいはマキャヴェッリの言葉を使えば「君主」は、名誉と栄光を求めて闘う。予測不能な運命に立ち向かいながら、この目的を達成するために必要なことはなんでもする意志をもつことこそが、君主の美徳のしるしだった。しかし、だからといって残酷であること自体を目的にした残酷な行動が正当化されるわけではない。したがって、マキャヴェッリはこう論じた。

「効果的に使われる残酷さは（中略）一瞬のうちに実行され、自分自身を守るための必要から出たもので、継続はされず、臣民にとって最大の恩恵に変換される。不当に使われる残酷さは、最初はわずかであっても、時間がたつとともに消えるどころか増えていく」

最初の方法に従う者は、神や人間との関係を修復することができるが、それ以外の者はおそらく生き残ることはできない。

これに関連して重要な点がもうひとつある。効果的なリーダーシップは、たとえ指導者が往々にして道徳的考慮を棚上げにすることが必要になったとしても、すべての者のためによい結果につながる傾向がある、とマキャヴェッリは信じた。たとえば、過剰に慈悲深い君主は無秩序を大目に見るために、恐怖をとおして調和を生み出す残酷な君主よりも社会に大きな害をもたらすことが多い。同じように、指導者の寛大さはほぼまちがいなく不満を生み出す。大盤ぶるまいの支出を誇示する傾向がある君主は、最後にはそうした過度な消費をまかなうために国民に税金を課さなければならなくなる。その結果として国民に恨まれ、嫌われる。

マキャヴェッリの独創性は、政治の薄汚れた現実を直視しようとしたことにある。すぐれたリーダーシップは予測不能な運命にうまく対処する能力だと主張することで、彼は真の近代的政治思想家の先駆者であることを証明した。

マキャヴェッリは、成功する政治的指導者はライオンの獰猛さとキツネの狡猾さをあわせもつ必要があると主張した。指導者が効果的に統治するには、善人にならない方法を学ぶ必要があるというのが彼の考えだった。

ルネ・デカルト 『方法序説』（1637年）

1650

1675

バルフ・スピノザ 『エチカ』（1677年）

ジョン・ロック 『人間知性論』（1690年）

1700

1725

デイヴィッド・ヒューム 『人間本性論』（1739−1740年）

1750

イマヌエル・カント 『純粋理性批判』（1781年）

ジェレミー・ベンサム 『道徳および立法の諸原理序説』（1781年）

1780

ジョージ・バークリー 『視覚新論』（1790年）

1790

ゲオルク・F・ヘーゲル 『精神現象学』（1807年）

1800

セーレン・キルケゴール 『恐れとおののき』（1843年）

1840

J・S・ミル 『自由論』（1859年）

1860

フリードリヒ・ニーチェ 『善悪の彼岸』（1886年）

1880

バートランド・ラッセル 『数学原論』（1902年）

1900

ジャン＝ポール・サルトル 『存在と無』（1943年）

1940

ルートヴィヒ・ヴィトゲンシュタイン 『哲学探究』（1953年）

1950

第2章
近代哲学

この章で探究する思想は、たがいに糸をからみあわせて哲学という織物を構成し、西洋思想史の中核をなしている。デカルトの「われ思うゆえにわれあり」、ベンサムの「最大幸福原理」、ニーチェの「超人」など、近代哲学の偉人たちによる画期的な思想の影響は、学問としての哲学という狭い範囲にとどまらず広範囲におよび、わたしたちの文化遺産の一部を形成している。

形而上学

伝えられるところによれば、19世紀イギリスの判事チャールズ・ボウエンは、形而上学の性格を「暗い部屋にいる盲目の男性が、そこにいない黒猫を探している」ようなものと言い表した。同じように、哲学者のF・H・ブラッドリーは、形而上学は「われわれが本能的に信じていることに悪い理由を見つけること…」と述べた。形而上学の真価について、こうしたどちらかといえば辛辣な評価がなされてきたのは、一部には形而上学が扱う主題のためだろう。形而上学は究極の現実という、あまりにとらえどころがない主題を扱うため、空想の域に入りこむことが多い。アリストテレス以来、多くの哲学者たちが神の存在、時間の本質、因果関係の現実、存在の本性、その他同様の主題についてあれこれ考えをめぐらせてきた。

これらの問題をどう見るかにかんしては、哲学者によってさまざまに異なる。たとえば、彼らが存在の本性にどう取り組んだかを考えてみよう。唯物論者は、実在するすべてのものは物質で構成されるか、物質の属性であると考える。つまり、厳格な唯物論者は、痛みのような精神的現象が存在すること自体を否定する。これに対して、理想主義の哲学者はまったく反対の立場をとり、ある意味で現実が心をつくると信じている。つまり、わたしたちが物質世界とみなすものは、実際には精神的性質をもつか、すくなくとも精神に依存していると考える。たとえばジョージ・バークリーは、物質世界は神が人間にあたえた観念にすぎないのだと主張した。

そうであれば、なぜ一部の学者たちが形而上学に疑いをもつかは明らかだろう。テーブルと椅子が心でできているといった考えは直観とはあいいれない。一般に、形而上学者は実証にもとづかない思索にふける傾向がある。この思索の多くはもとより推論的なものだ。つまり、彼らは経験にはほとんど、あるいはまったく言及しない。この種のアプローチにはふたつの大きな問題がある。まず、へ

「話しかける相手が理解せず、話しかけている本人も理解していないとき、それを形而上学とよぶ」

ヴォルテール、『哲学辞典』

ーゲルに代表される哲学者たちの著作に特徴的なものとして、非現実的な体系構築を奨励する傾向がある。そして、おそらくこちらのほうが重要だろうが、もし形而上学的な主張に証拠にもとづいた根拠が欠けているのなら、それは意味をもたないのではないかという懸念がある。とくにA・J・エイヤーのような論理的実証主義の哲学者が率先してこの種の批判を行なった。彼らは、意味ある発言は論理的に真実であるか、証拠によって実証されるかしなければならないと主張した。こうした基準を用いれば、形而上学的主張の多くはほとんど意味をなさないと簡単に批判できる。エイヤーがブラッドリーの「絶対的存在が進化と発展に関与するが、それ自体は進化も発展もしない」という主張を攻撃したことは有名だ。

しかし、形而上学は数々の問題に直面してきたものの、ここ数十年でなにかしらの復興の兆しが見えている。これは一部には、論理的実証主義の重要性が薄れてきた結果である。しかし、形而上学自体の本質が——まちがいなく一部にはこれまでの数々の批判への反応として——変わってきたこともその一因だ。現在は、以前に比べればずっと根拠のある学問領域となっている。

ルネ・デカルト
René Descartes

方法的懐疑の論法を発達させる

生年
1596年、ラ・アイユ、フランス

没年
1650年、ストックホルム、スウェーデン

若いころ、ルネ・デカルトは自分の信念に確信がもてないことに悩まされていた。実際、ついには「世界のどこにもわたしが期待していた種類の知識は存在しなかった」という考えにいたったと述べている。しかし、彼は状況をそのままにしておくことに満足せず、すべての知識の土台となるような原理の探求にのりだした。

著書『省察』のなかで、彼は徹底的な懐疑を積み重ねることで、すくなくともひとつだけ確かな知識を確立しようとした。この書にみられるデカルトの論証は、哲学の歴史のなかではもっとも有名なもののひとつだ。彼は自分の信念を検証し、そのなかで少しでも疑いがもたれるものはすべて排除するという方法を使った。そうすることで、わたしたちの内部感覚でさえまちがっているかもしれないこと、つまり、わたしたちの感覚をとおした経験すべてに疑いをなげかけることは可能なのだと示した。たとえば、わたしたちは夢を見ているのに、それに気づかずにいることがある。そして、なんともやっかいなことに、わたしたちの経験する世界の背後にはなんら実体のあるものは存在せず、なにもかも狡猾な悪魔にあざむかれている可能性さえありうる。

しかし、この方法は、あるひとつの信念にかんしては疑う余地がないことも明らかにする。つまり、わたしたちが存在するということだ。デカルトはここで、疑うという行為自体が、その行為を実行している「わたし」の存在を証明していると論じる。こうして生まれたのが、有名な「われ思う、ゆえにわれあり（コギト・エルゴ・スム）」という言葉だった。

この理論はさらなる問題につながる。第一に、デカルトはそれを形而上学的な二元論をとおして考えるべきこととみなした。つまり、考える実体である「精神」は身体とは異なる種類のものだと論じるにいたった。これはいくつかの大きな哲学的問題に直面させる。なかでも、このふたつの種類のものがどう相互作用するかという問題がある。たとえば、精神がどのように身体を動かしているのかははっきりしない。第二に、思考をつかさどる実体の存在を確立してしまうと、残りの世界をとりもどすことは簡単ではない。デカルトは神の存在を実証するために一種の「存在論」を使い、神がいつわりを行なうことはないので、人間は五感ではっきり知覚するものについては体系的に誤って導かれることはないと論じようとした。そうすれば、わたしたちの外的世界についての確信をとりもどすことはかなり簡単になる。しかし、これは説得力ある理論ではない。実際に、近代の哲学者の多くはこの主張には大きな欠陥があると考えている。

デカルトは、思考する実体である「精神」は身体とは異なる種類のものだと論じた。その結果として生じる問題が、彼以降の哲学者たちを悩ませてきた。「機械のなかの幽霊」である心は、どのように体と作用しあうのだろうか？

バルフ・スピノザ
現実を汎神論から説明する

Baruch Spinoza

生年
1632年、アムステルダム、オランダ

没年
1677年、ハーグ、オランダ

スピノザは彼を断罪しようとする宗教的不寛容と闘いながら一生をすごした。その困難な道のりを歩むことになった原因は、彼の信仰が正統派のものではなかったことだ。神はあらゆるもののなかに存在すると主張する彼の汎神論は、17世紀のヨーロッパでは受け入れられなかったのである。

スピノザは西洋哲学の偉大な著作の１冊に数えられる『エチカ』のなかで、神と自然についての考えを発表した。現実はただひとつの実体からなり、それは神または自然と考えることができる。神は宇宙を創造したのではなく、宇宙と同一のものなのだ。現実世界で生じるすべてのことは、必要とされる神性の体現である。つまり、彼の構想には自由意志が入りこむ余地がない。

スピノザの決定論は、悪、罪、そして地獄に落ちる可能性という、正統派のキリスト教神学の三つの主要要素にとっては重要な意味あいをもつ。とりわけ、決定論は道徳的責任という概念を骨抜きにする。もし殺人者がその必要があって殺人者になるのなら、どれだけその罪を責めることができるだろう？　もしあらゆる形態をとる現実が神と同一であるのなら、現実の一側面である殺人者はなぜ悪意ある存在になれるのか？　スピノザの答えはこうだ。神の視点から見ると罪のなかに悪はなく、人間はかぎられた知識しかもたないために世界に悪を見る。スピノザは彼に続いたライプニッツ同様、究極の現実について無知な人間は、悪を正しくとらえることができないのだと考えた。

自由意志を否定しながらも、スピノザは人間がどう生きるべきかについては彼なりの考えをもっていた。人間は神の視点から、すなわち「永遠の相のもとに」現実を見るように努力すべきだ。それができれば、そして、自然の偉大さに比べれば人間の悩みなどちっぽけなものにすぎないと知れば、わたしたちはある種の自由を得る。自分が大きな全体のなかの一部なのだと認識し、そのすばらしさに気づくことで、わたしたちは死の恐怖のような、人間が不死の存在ではないという事実から生じる不安から解き放たれる。

バートランド・ラッセルは、苦しみの多い世界のなかで自分の悩みを全体的視点から見ることができれば、人々が「正気を保ち、完全なる絶望という麻痺状態から脱する助けになる」と述べた。もしラッセルが正しければ、スピノザの発した倫理的メッセージは、300年以上がすぎた現代社会でも的を射ていることになる。

スピノザは、自由意志を信じることは目を開いたまま眠ることと同じだと論じた。人間は自分の行動のほんとうの原因を知らないから、そうしたごまかしを信じることができるのだ。

ジョン・ロック John Locke
「白紙状態」としての心を論じる

哲学者にはいわゆる「生得観念」を重視している者もいる。経験から引き出されるのではなく、精神のなかに存在する観念のことだ。たとえば、プラトンはすべての観念はこの種のものと考えていた。人は新しいことを学ぶのではない。すでに知っていることを思い出しているだけなのだ。ジョン・ロックは名著『人間知性論』で、この生得観念が存在するという可能性に異議を唱えた。

ロックの見解は経験論として知られるようになる。わたしたちの知識のすべては経験から、つまり物理的世界を五感で認識することをとおして得られるという考えだ。人間は白紙状態（タブラ・ラサ）の心をもって生まれ、その上に経験世界によって文字が書きこまれていく。具体例をあげれば、感覚経験は「単純観念」を生むが、それは「心のなかの一様の見かけ、あるいは概念にすぎない」。さらに、人の心は蓄積された単純観念を組みあわせたり移動させたりすることで、「複合観念」を構築することもできる。ここで重要なポイントは、人の知識はこの観念についてのものであって、こうした観念が言及する事物についての知識をもつのではないという主張だ。ロックは次のように論じている。

「心は、どれだけの思考や推論をしようとも、それ自体がもつ観念のほかには直接の対象をもたないのであるから（中略）わたしたちの知識はこうした観念に精通しているだけであることは明らかだ」

しかし、もし知識が純粋に心のなかに存在する観念についてのものであるなら、わたしたちはクローゼットのなかに閉じこめられてそこから出られないようなものではないのか？　ロックは、わたしたちの観念が世界の事物に呼応していることを裏づけるすぐれた根拠があるとは論じられなかった。それには彼の理論的枠組みでは不可能な先行的（ア・プリオリ）、あるいは生来の知識が求められるからだ。最初から経験主義者を悩ませてきたこの問題は、今もまだ解決されていない。

人間の精神について多くが解き明かされた現代的視点からも、ロックの説明は苦戦を強いられる。白紙状態の心という見解は、単純に説得力がない。社会生物学や進化心理学の学問分野が確立した今では、人間の知識にはまちがいなく、すくなくとも見方によっては生来のものといえる側面があることを証明できるからだ。

とはいえ、ロックの影響と重要性は否定できない。彼は近代哲学の多くの議論の土台を築き、多くの人がロックをイギリスの偉大な哲学者としてデイヴィッド・ヒュームとならび称している。

生年
1632年、ライントン、イギリス

没年
1704年、オーツ、イギリス

ロックの経験論は、すべての知識はつきつめれば人の心のなかの「白紙」の上に書かれる経験にもとづいているとした。

ジョージ・バークリー
「存在することは知覚されることである」と主張する

George Berkeley

生年
1685年、キルケニー州、アイルランド

没年
1753年、オックスフォード、イギリス

わたしたちが表現する世界は現実世界と一致しているのだろうか？　そう確信をもつことはできるのだろうか？　その疑問へのジョージ・バークリーの解決策は、人間の精神の外に物質世界が存在することを単純に否定するというものだった。「目に見えるもの、手で触れられるものは存在する。ほんとうに存在する。わたしはそのことになんら疑いをもたない。唯一その存在を否定するものがあるとすれば、それは哲学者が“質料”あるいは物理的実体とよぶものである」。バークリーは、すべての対象は知覚されることで存在する、つまり、「存在することは知覚されることである」と論じた。

バークリーは彼の非物質論を実証するため、一連の論拠を準備した。たとえば、熱が純粋に心的現象であることを証明するために、もし片方の手が冷たく、もう片方が熱ければ、両手を温かいお湯のなかに入れると、片方の手はそれを熱いと感じ、もう片方は冷たいと感じると指摘した。水はこの両方の状態であることはできないので、「熱さと冷たさは頭のなかに存在する感覚でしかない」といえる。

熱さと冷たさは、ジョン・ロックが物体の「第二性質」とよんだもので、たしかに人の知覚に依存する。しかし、動きや形のような、感覚印象とは関係のない「第一性質」をもつものはどうだろう？　これらはあきらかに心の外に存在するのでは？　それに対しては、バークリーはこう説明する。第一性質と第二性質の違いは幻想にすぎない。たとえば、物の形について考えようと思えば、それと同時に色のような、頭のなかにだけ存在する性質をあたえる必要があるので、いわゆる第一性質はそれ自体が心に依存している。

おそらく、バークリーの理論のもっとも頭を悩ませる部分は、もし物体が知覚されなくなったら、それはどう存続するのかという点だ。たとえば、あなたがこの本を読んでいるときに、あなたの後ろにある世界はもう存在しないなどと考えるのはばかげたことだろう。バークリーの思想はほんとうにそう考えることを求めているのだろうか？　バークリーの答えは、人の観念のすべて——実際には知覚できる経験世界全体——は、神の力のなせるわざであるというものだった。神はすべてを見通せる。したがって、神が観念の世界を存在するものに変える。

バークリーの哲学はあきらかに直観に反する。文学者のサミュエル・ジョンソンはバークリーに反論するために石を蹴ったといわれるが、石を蹴ってみるだけではバークリーの主張のどこがまちがっていたかはわからない。

バークリーは非物質論の推進者だった。彼の見解に従えば、事物は単純に存在せず、たとえば椅子は知覚者の心のなかでひとつの観念となることによってのみ椅子となる。

デイヴィッド・ヒューム
懐疑論を実証する

David Hume

生年
1711年、エディンバラ、イギリス

没年
1776年、エディンバラ、イギリス

デイヴィッド・ヒュームは懐疑論の伝統ではもっとも偉大な哲学者だろう。たとえば、彼は奇跡の存在、神、因果律の論理、そして帰納的知識（簡単にいえば、証拠にもとづいた知識全般）の可能性に疑いを向けた。おそらくそれよりとまどわせるのは、彼が個人のアイデンティティという現代のわたしたちには一般的な概念を否定したことだ。

個人のアイデンティティの問題とは次のようなものだ。わたしたちは、今の自分は10年前の自分と同じ個人であると考えるのがふつうだ。また、10年後の自分も今の自分と同じ個人のままだろうと考える。もちろん、時間の経過とともに態度や意見が変わることは認めているし、性格でさえ変わるかもしれない。それでも、なにか根本的なものはそのまま残り、なんであれ、それが個々の人間を定義している。ヒュームは、個人のアイデンティティについて人々がこうしたイメージを描いていることはわかっていたが、その考えを裏づける確かな根拠はなにも見つけられなかった。内省してみると、つまり自分の注意を感覚印象に向けると、そこに見つかるのはつねに変化する「知覚の束」であって、永続する「自己」ではなかった。つまり、自己という観念は便利なフィクションでしかない。ヒュームはそう主張した。

哲学者たちを悩ませてきたヒュームの思想のもうひとつの特徴は、因果律にかんする伝統的な考え方への攻撃だ。世界には論理的に必然となる因果関係はなにひとつないというのがヒュームの見解だった。もしビリヤードの玉が別の玉にあたり、その玉が動けば、最初の玉が第２の玉の動き（結果）をひき起こしたと考えるのがふつうだろう。しかしヒュームによれば、これは推論にすぎない。つまり、わたしたちは同じ原因と結果を何度も目にしてきたので、将来もその原因が同じ結果を生むものと仮定しているだけなのだ。

しかし、この結びつきを論理的に証明することはできない。最初の玉があたっても、もうひとつの玉が動かないという状況がいつ起こっても不思議ではない。過去の行動が将来の行動を必然にすると考える根拠はなにもない。このように、同様の原因は同様の結果を生むというわたしたちの期待は、理性ではなく習慣にすぎない、とヒュームは考えた。結局、この因果律についての考えを支えているのは、人間の本分だけでしかない。

ヒュームの懐疑論は哲学の世界に永遠の影を投げかけたが、彼をもっとも偉大な近代哲学者と評価する人は多く、おそらく分析にかんする欧米の伝統では、もっとも著作を読まれ、もっとも考察対象になった哲学者でもある。

ヒュームは因果の論理に異議を唱えた。わたしたちは経験から、ビリヤードの玉が別の玉にあたると、第2の玉は動くだろうと思っている。しかし、それが過去に起こったからといって将来も起こると考える論理的な根拠はなにもない。

イマヌエル・カント

超越論的観念論を創始する

Immanuel Kant

生年
1724年、ケーニヒスベルク、プロイセン(現ロシアのカリーニングラード)

没年
1804年　ケーニヒスベルク、プロイセン

ジョン・ロックの流れを継ぐ経験主義の哲学者たちによれば、心は本来「なにも書かれていない白紙」で、その上に外の世界から入ってきたものが経験として書かれていく。ということは、そこに書きこまれた経験が世界を表現する分だけ、わたしたちは知識をもつことになる。しかし、この考え方には問題がひとつある。知識は感覚印象からは得られない概念的な内容を求めるらしいということだ。

この問題を明らかにしたのがイマヌエル・カントだった。『純粋理性批判』のなかで、彼は事物そのものの世界である「叡智界」と、人間が経験する世界である「現象界」を区別し、叡智界にある事物の本質は「わたしたちにはまったく未知のまま」だが、現象界についてはなにかを知ることができると論じた。

カントによれば、経験はわたしたちの頭のなかで空間と時間の概念に従って、また因果関係や実体のような、さらなる理解のための分類に従って整理される。空間を例にあげれば、世界それ自体、すなわち叡智界は、空間的な関係をもたない。そのかわりに、現象界の空間的特性がわたしたちの心の働きによって感覚的な経験の生のデータとして記録される。そのため、わたしたちは世界を空間的なものとして把握するのである。

この一般論によって、カントは知識を支える概念の問題を解決し、感覚的な経験だけから知識を得ることがどうして可能なのかを示そうとした。基本的には、多くの「直観の形」のメカニズムによって、知ることのできる世界を形作り構成することに心が積極的な役割を果たす、というのがカントの主張だった。

もちろん、カントの説明にもいくつかの問題がつきまとう。その最大のものは、生の感覚データと頭のなかでの概念的処理の区別が相対主義をおびやかすことだ。人それぞれの思考によって世界を整理する方法がばらばらになる可能性があるためである(カントはそれを否定した)。さらに、永遠に理解できない現実(叡智界)があるという考えは受け入れがたいと感じる哲学者もいた。

カントの哲学の影響は、倫理学や美学、そして自由意志や因果関係のような問題まで広範囲におよぶ。そして、彼はもっとも偉大な啓蒙主義の哲学者として広く認められている。

カントによれば、人の心が経験を形作り、分類し、整理し、それが現象界を構成する。いいかえれば、感覚をとおして入ってくる生のデータを心が整理する。

ジェレミー・ベンサム
最大幸福原理を考案する

Jeremy Bentham

生年
1748年、ロンドン、イギリス

没年
1832年、ロンドン、イギリス

ジェレミー・ベンサムは功利主義の哲学者としてもっともよく知られる。功利主義は「最大幸福原理」と一般によばれるものに基礎をおく思想である。ある行動を認めるかどうかは、「それが利害関係者の幸福を増すか減じるかの傾向によって」決めるべきだとする原則だ。

ベンサムはさらに、この原理は個人だけでなく政府の行動にもあてはめるべきだと考えた。もちろん、そこからすぐに生じる疑問は、ある行動が幸福を促進するかどうかをどうしたら判断できるのかということだ。少々驚くべきことだが、ベンサムは「快楽計算」を使えばそれを正確に計算できる、と主張した。たとえば、強さ、持続性、純粋性のような質から幸福を数量化できる。つまり、ある行動にふくまれる快楽の要素を一方に、苦痛の要素をもう一方に積み重ねていった結果、総量のバランスが快楽のほうに傾いていれば、その行動は正しいということになる。

功利主義は現在もまだ大きな影響力をもちつづけている（ただし、ベンサムの理論より見かけははるかに洗練されている）。それでも、多くの重要な欠陥があることは否めない。まず、功利主義を支える倫理的原則には、いくぶん冷淡で柔軟性に欠けるところがある。たとえば、ベンサムが設計した有名な「円形刑務所」を考えてみてほしい。これは看守に監視されているかどうかが受刑者にはわからないようにした構造の刑務所で、受刑者はいつ監視されているのかわからないので、つねにみずからの行動を制御しなければならない。功利主義の設計としては完璧だが——受刑者はコントロールされるが必要以上に苦しむことはない——、なんとも人間性に欠ける建物だ。

ベンサムの功利主義にみられるもうひとつの大きな欠陥は、最大多数の幸福を促進するためには、場合によっては特定の個人の幸せになる権利を犠牲にする必要があるということだ。ひとりの無実の人を罰すれば、その抑止効果のために数百人の命を救えるとしよう。ベンサムの功利主義からすると、これは正しいことになってしまう。

ベンサムは偉大な哲学者のひとりというわけではなかったが、彼の名前と結びついた哲学的理論は、彼の死から200年近くがたってもまだ消えずに残っている。すべての偉大な哲学者にこの名誉があたえられるわけではない。すくなくともベンサムの伝説だけは哲学史上にその居場所を確保した。

ベンサムによれば、「正しい」行動は、最大幸福を促進するものだ。たとえば、致死性の感染病が広範囲に拡散することを防ぐために、ひとりを隔離して見殺しにすることは正しいことなのだろうか？

ゲオルク・F・ヘーゲル
絶対観念論を促進する

Georg F. Hegel

生年
1770年、シュトゥットガルト、現在のドイツ

没年
1831年、ベルリン、現在のドイツ

ゲオルク・ヘーゲルの哲学は弁証法的理性の体系に基礎をおいている。もっともわかりやすいのが、「定立（テーゼ）」「反定立（アンチテーゼ）」「綜合（ジンテーゼ）」の概念だ。簡単にいえば、いかなる現象（定立）も、それ自体のなかに矛盾する側面（反定立）がふくまれ、その解決のための動き（綜合）が求められる、とする概念である。

ヘーゲルは、この種の弁証法のプロセスに従えば、現実の理解を深められると信じた。それは彼の有名な「主人と奴隷」の弁証法で説明することができる。

ヘーゲルの見解では、自己意識、あるいは自己意識をもつものとしての人間は、他者（ほかの自己意識）によって認められることで自己の存在に確信がもてる。しかし、この種の自己意識間の相互認識は簡単に勝ちとれるものではない。最初はどちらも相手の自己意識については不確かで、そのためにどちらも自己の存在を確認する根拠を奪われる。その結果、双方が相手の認識を得ようとするが、相手の自己意識を認めることはしない。

ヘーゲルによれば、その結果として生じる一方的な認識を求める闘争は、死へと向かう。なぜなら、自分の命を危険にさらすことによってのみ、こうした自己意識をたがいに示すことができるからだ。そして、彼ら自身にとっては、特定の肉体的な形から解放される自由と、自立した存在としての自己が得られる。しかし、この状況では、どちらかの側の死という結果が見当ちがいであることは明らかだ。そうなれば、生存した側から存在の認識を奪うことになるのだから。それゆえ、両者の命を危険にさらす必要のある闘争への解決策は、一方を奴隷に、もう一方を主人にすることになる。一方は自立した自己に、もう一方は相手に依存した存在になる。つまり前者が主人、後者が奴隷だ。

しかしヘーゲルは、個人間の対立はやがては克服されることになると考えていた。主人と奴隷の弁証法はひとつの段階にすぎず、それをへて、自意識は自己確信への道を進まなければならない。

ヘーゲルの思想は19世紀を通じて大きな影響力をもった。しかし、それ以降はこの種の哲学、つまり大きな形而上学的な推論を好む伝統は、苦戦を強いられてきた。したがって、これからしばらくはヘーゲル派の哲学者がふたたび登場することはなさそうだ。

ヘーゲルは弁証法的論法を使って彼の哲学理論を説明した。その中心にある思想は、すべての事物や過程には対立する力がふくまれ、そのなかで生じる微妙な変化によって、一方の力が必然的にもう一方を圧倒するというものだった。

J・S・ミル 男女の平等を唱える

J. S. Mill

ジョン・スチュワート・ミルは、おそらく『功利主義論集』でもっともよく知られる。このなかで、ジェレミー・ベンサムの思想をさらに発達させたミルは、彼自身の「最大幸福原理」として、「行動は幸福を高めるほど正しく、幸福をそこなうほどまちがいである」と論じた。しかし、彼は論理学者、急進的なリベラル、そしてなにより興味深いことに、初期のフェミニストとしても高い評価を得ている。

著書『女性の解放』(原題は『女性の従属』)のなかで、ミルは女性の従属は「それ自体がまちがっている」と実証しようとし、「完全な平等の原則に置き換えられるべきだ」と主張した。自分の主張が強い抵抗にあうことはわかっていたので、時代の偏見が人間の本性の誇るべき側面ではなく悪意ある側面から力を得ていることを示そうとした。

実力主義の傾向が強い近代西洋社会で女性が従属状態にあるのは興味深い、とミルは論じた。近代社会に生きる人々は、通常はその生まれによって決まった生き方を強いられることはない。古代ギリシアの奴隷に生まれた人々の場合とは異なるのだ。近代社会は個人が「自分の能力とあたえられたチャンスを自由に生かし、自分にとってもっとも望ましいと思われることの多くを達成する」という原則に従って統治される。もしこれがほんとうなら、それは女性にもあてはまらなければならない。ある人が男性ではなく女性に生まれたという事実が、その人の人生を決めるべきではない。ミルはそう考えた。したがって女性の従属は、「現在の社会制度のなかで異質な事実としてきわだっている。基本的な法として認められてきたものに反する唯一のものであり、旧世界の思想や習慣の唯一の名残である…」

ミルは、女性の従属を正当化するような本質的な違いが男女間にあることを否定した。さらに、たとえ男女が異なっていることが判明したとしても、それは機会の平等を否定する根拠とはならない、とも主張した。たとえば、女性が平均して男性よりもわずかに体力がおとるからといって、それは特定の種類の肉体労働をする十分な体力のある女性が、その仕事から排除される十分な理由とはならない。

ミルは19世紀の偉大な知識人のひとりとして広く認められている。ほかの初期のフェミニストたちとは違い、彼の主張は時代を超えて支持されてきた。

生年
1806年、ロンドン、イギリス

没年
1873年、アヴィニョン、フランス

ミルは、男女間にどのような知的・道徳的違いがあるかを示すことは不可能だと考えた。女性の本質部分は不当な従属によって徹底的にゆがめられてしまったからだ。

セーレン・キルケゴール「信仰の飛躍」を説く

Søren Kierkegaard

生年
1813年、コペンハーゲン、デンマーク

没年
1855年、コペンハーゲン、デンマーク

セーレン・キルケゴールは宗教的実存主義の推進者で、主観性、情熱、コミットメント、信仰、そして、これらがもちこむパラドックスが、すべて人間の状況の一部になっていると主張した。人間の生命と歴史全体について、論理的・体系的な哲学によって客観的な知識を得ることは可能だという考えを否定するキルケゴールは、当時のデンマークでは主流の哲学的アプローチだったヘーゲル主義を最大の標的にした。

論理的必要に固執したヘーゲル主義には欠陥があった。たとえば宗教にかんしては、神とキリスト教信仰を論理的に説明することをめざしたが、現実にはこれらは必然的に論理的な理解を超えている。

キルケゴールによれば、宗教的実存段階は「信仰の飛躍」によって成り立つ。神の子イエス、すなわち一時的でもあり永遠でもある矛盾を抱える存在への信仰を正当化するために、合理的主張や経験的証拠に訴えることは単純にできない。信者が手にできる唯一のものは、自由意志で選んだ神への忠実な信仰である。『恐れとおののき』のなかで、キルケゴールは聖書のアブラハムの物語を使って、これが倫理的になにを意味するかを説明した。

神はアブラハムに自分の息子イサクを殺し、犠牲としてささげるように命じる。これに従うためには、アブラハムは一般的な道徳には完全に反する行動をとらなければならない。より高い目標のために「倫理の棚上げ」が必要になるのだ。アブラハムは単純に天上からの命令に従わなければならず、それには息子の殺害という、通常の道徳的観念からはまったく受け入れられない結果をともなう。彼は自分の行動を他者に対して正当化できないだけでなく、自分自身にさえ説明することができない。彼にあるのは神への信仰だけだ。その信仰は命じられたことに従うことで証明され、本物になる。

つまり、本物の宗教的信仰を達成するには、大きな困難を克服しなければならない。それでは、なぜそこまでして信仰を選ぶのか？キルケゴールはこう考える。それは、人が絶望と恐怖を避けようと思えば、宗教的信仰に頼らざるをえないからだ。矛盾することながら、ほんとうの自己は神への継続的な信仰から得られる自由のなかにだけ見つかる。

キルケゴールは存命中にはその業績が十分に認められなかった。しかし、20世紀に実存主義が登場して哲学の中心に個人がおかれるようになったことで、現在では19世紀の偉大な哲学者のひとりとして正しく認識されている。

キルケゴールはアブラハムが息子イサクを犠牲にする聖書の例を使い、個人は神への変わらぬ信仰をとおしてのみ、ほんとうの自己を見つけられるのだと示した。

フリードリヒ・ニーチェ
超人の概念を考案する

Friedrich Nietzsche

生年
1844年、レッケン、プロイセン（現ドイツ）

没年
1900年、ヴァイマール、ドイツ

ニーチェといえば、まず思い浮かぶのは「神は死んだ」という宣言かもしれない。しかし、あまり知られていないことだが、この主張は神の不在を形而上学的に宣言したというよりは、彼の時代の道徳と価値観についての批判的発言という性格が強かった。彼は道徳や価値観が危機におちいっていると考えていた。そして、道徳体系を支える歴史と思想を説明することをとおして、方向性を見失った道徳観の土台をゆるがすに十分なだけ学べるだろうと期待した。

自分の理論を説明するために、ニーチェは主人の道徳と奴隷の道徳を区別した。主人の道徳では権力、誇り、誠実さなどが「善」として価値がおかれる。それが支配する側の人たちの最善の部分を示すからだ。反対に謙虚さ、弱さ、臆病さなどは軽蔑される。これらが奴隷のメンタリティと結びつくからだ。しかし、奴隷にされた者たち自身は、物事を別の見方で見ている。そして、実際に起こったことは、とくにキリスト教世界では主人の道徳の裏返しだった。「善」の概念は弱者を肯定的にとらえる謙虚さ、同情、忍耐のような質を表すだけでなく、弱さ、柔和さ、苦しみの同義語にもなった。これに対して「悪」は、弱者がもっとも軽蔑する権力者の性格、つまり健康、力、権力に対して乱用される言葉になった。この逆転の結果として、人々は奴隷の道徳をもつことになった。ニーチェは主人の道徳に戻ることがいいと思っていたわけではないものの、あきらかにそれに近いことが必要だと考えていた。

人間の将来についてのニーチェの考えは、「超人」の概念にもっともよく表現されている。崩壊しつつある価値体系で定義される今ある状態の人間は、「のりこえられるべき」存在だ。超人は人類の将来のために立ち上がり、「人間をおおう暗い雲の隙間から差しこむ光」となる。超人の運命は現在の崩壊しつつある価値観の枠組みをすてさり、「力への意志」に従って世界のなかに自分の居場所を記すことだった。

ニーチェは矛盾を抱えた哲学者だ。あいまいで、謎めいていて、論争をまきおこすと同時に大きな影響力をもつ。「大陸哲学」とでもよぶべき伝統のなかで取り組む哲学者としては、もっとも重要な人物だろう。

ニーチェは、当時の社会が価値観を失うぎりぎりの状態にあると考えた。すぐにでも再生しないと状況は悪化して野蛮なニヒリズムにおちいってしまう、というのが彼の世界観だった。

バートランド・ラッセル
Bertrand Russell

「ラッセルのパラドックス」を公式化する

生年
1872年、トレレック、イギリス

没年
1970年　メリオネス、イギリス

あなたがこれまでの人生の30年を数学の基礎理論の確立に捧げ、ようやくそれが完成したと思える段階までたどりついたと想像してみてほしい。そこへ１通の手紙が届いた。その手紙に書かれたたったひとつの論拠が、あなたの築き上げた体系全体、実質的にあなたの人生をかけた仕事を崩壊させる。バートランド・ラッセルは1903年に、そうした手紙をドイツの哲学者ゴットロープ・フレーゲに書き送った。その内容は次のようなものだった。

あなたは巨大な古い図書館の館長になったところだ。ある日、図書館の蔵書すべてを詳細に記した目録一式を見つける。調べてみると、まとめ方に一貫性がない。いくつかの目録はそれ自体を蔵書の一部としてふくんでいるが、そうしていない目録もある。

あなたはこれらの目録のリストをのせたマスター目録を作りたいと考える。しかし、目録には２種類あることを思い出す。それ自体を項目にふくむものと、ふくまないものだ。そこで、２冊のマスター目録を作ることに決めるのだが、そこでジレンマにおちいる。マスター目録はそれ自体が目録なのだから、項目にそれ自体をふくめるべきだと考えた。最初のカタログ――それ自体を項目にふくめている目録すべてをのせる目録――は問題ない。単純にマスター目録自体も項目にふくめればいい。しかし、第２の目録、つまり、それ自体を項目にふくめていない目録すべてをのせているほうでいきづまる。マスター目録自体をリストにふくめれば、それ自体を項目としてふくめない目録ではなくなる。したがって、そのマスター目録はそれ自体を項目にふくめるべきではない。しかし、それ自体が項目にふくまれなければ、そのマスター目録は、それ自体を項目としてふくまない目録になるので、それ自体に言及する項目をもつべきだ。あなたはパラドックスにおちいったとわかる。

ゴットローブ・フレーゲを破滅させたこの主張は「ラッセルのパラドックス」として知られ、公式には次のように説明される。「自分自身をふくまない集合の集合は、自分自身をふくむのか？　もしふくまないなら、ふくめるべきだ。もしふくんでいるのなら、ふくめるべきではない」。実際の主張は（かなり）単純だが、影響は非常に大きかった。もちろん、この主張は現在のわたしたちの論理的思考法にラッセルが果たした貢献のごく小さな部分でしかないが、彼の初期の著作スタイルがよく示されている。つまり、厳格で、弁が立ち、すくなくともフレーゲにとっては破壊的な力をもった。

ラッセルは論理と数学の思考法に異議を唱える「パラドックス」を提示した。自分自身をふくまない集合の集合は、自分自身をふくめるべきだろうか？

ルートヴィヒ・ウィトゲンシュタイン

Ludwig Wittgenstein

言語の混乱を分析する

生年
1889年、ウィーン、オーストリア

没年
1951年、ケンブリッジ、イギリス

死後に出版された『哲学探究』のなかで、ウィトゲンシュタインは、哲学は「言語という手段を使ってわれわれの知性をまどわしているものとの戦い」なのだと主張した。彼がその哲学的研究のなかで発達させた観念と、そこから見いだした根本的な心の変化は、おもにこの戦いに役立てるためにとりいれたものだ。

初期に発表したすぐれた哲学書『論理哲学論考』のなかで、ウィトゲンシュタインは意味の写像理論として知られることになるものの概要を記した。簡単にいえば、言語の論理的構造は現実の構造を写し出している、という主張だ。簡単な命題——たとえば「猫がマットの上にいる」——は、世界で起こる出来事のひとつの可能な状態を選び出している。その命題が真実か否かは、その状況が現実世界に成立しているかどうかによる。ウィトゲンシュタインは、意味のある言語は最終的にこの簡潔な命題の形に凝縮されなければならないと論じた。これには哲学として通用しているほとんどすべてのことがふくまれる。そして実質的には、『論理哲学論考』を構成する発言さえもふくまれる。そうすると、哲学の役割はわたしたちが意味ある発言と意味のない発言を混同しないようにすることになる。

ウィトゲンシュタインはのちの著作のなかで、言語はそれが使われる背景と切り離すことはできないという見解にいたった。たとえば、軍の練兵場で叫ばれる「早足進め！」という言葉は、母親が子どもたちに早くベッドに入ってほしいと願って口に出すときとは、大きな違いがある。

言語についての彼の後期の思想は、おもに『哲学探究』のなかで述べられているが、そこで彼は、『論理哲学論考』の研究課題は根本的に誤った前提にもとづいていたと認めている。言語は彼が当初考えていたような、論理的な言葉で明確に特定できるような確立した体系ではない。言葉は生きた習慣で、さまざまな目的のために無数ともいえる背景で使うことができる。

このように、ウィトゲンシュタインは『論理哲学論考』の主張の大部分を否定するようにはなったものの、初期と後期の著作が完全に分裂状態にあると考えるのはまちがっている。彼はその研究生活を通じて、哲学の役割は、わたしたちが言語に混乱させられ、誤った方向に導かれるさまざまな状況を解き明かし分析すること、したがって、哲学的研究は言語の混乱を明らかにし解体することだと信じていた。

ウィトゲンシュタインは、言葉はその用法を支配する規則と背景をとおして意味を獲得すると論じた。したがって、異なる「言語ゲーム」は異なる規則と背景に支配される。

ジャン＝ポール・サルトル
「人間は自由の刑に処されている」と論じる

Jean-Paul Sartre

生年
1905年、パリ、フランス

没年
1980年、パリ、フランス

ジャン＝ポール・サルトルは円熟した実存主義の哲学者だ。彼の著作は実存主義の思想の古典的テーマすべてを探究しているが、なかでも個人の存在の卓越性、人間の自由の性格、倫理の本性に目を向けた。

サルトルの哲学は、『存在と無』で概要を述べているように、存在の本質についての分析から始まる。彼は「存在」をふたつの主要領域に分けた。意識されることで存在する「対自存在」と、それ以外の「即自存在」だ。サルトルによれば、「対自存在」は「無」で特徴づけられる。つまり、存在の中心には無が横たわる。簡単にいえば、人間の本性というものは存在せず、物の世界から切り離された意識は、完全に無の状態の空虚な可能性で、そのなかに自由がある。

サルトルの「否定」の概念の扱いに目を向けることで、この思想が意味するところを理解できる。サルトルは、なにが本物でないかを考える個人の能力に注目した。それは、物質や状況についてのあらゆる態度からなる。おそらく、なにより重要なのは、現在の一瞬を超えた開かれた将来に、まだ実現されていない可能性を投影する「対自存在」の能力だ。この意味で、物事が変化する可能性を永遠に保つことに自由がある。

そうした根本的な自由に直面した人間は苦悶する。サルトルは、そうした「苦悶」からのがれるために、人は「悪い信仰」をとりいれる戦略を選ぶと論じた。つまり、やがては自分のものになるはずの自由を否定しようとするのだ。結婚前の性交渉は神の目から見るとまちがっているために、そうした行動をとらないと主張する人は、サルトルの言葉を使えば、悪い信仰にとらわれている。強制的な道徳的規範というものはない。人々にできることは、自分が自由に選んでいると完全に理解したうえで選択をすることだ。

しかしサルトルは、人々が混乱したでたらめなやり方で選択をするとは考えなかった。選択は変えることのできない特定の背景と照らしあわせて決定される。したがって、人々はなにに対しても絶対的に自由というわけではない。たとえば、もしあなたが壁に鎖でつながれていて、だれかがあなたの頭に銃を向けたら、あなたの行動の自由は“事実上”制限される。しかし、この状況下でも、あなたは基本的には自由なままだ。直面した状況に対して、まだどんな態度でもとることができる。さらに、人間は自由であることを運命づけられているので、自分の死の可能性にどう向きあうかについて選ぶことを強いられる。

サルトルは、人間はつねに、否応なく自由なのだと論じた。銃をつきつけられたとしても、まだ選択肢がある。どう自分の死を迎えるか、自分を捕らえた相手をどう見るか、自分の過去をどうふりかえるかなどは、すべて自由なのだ。

トマス・ホッブズ　『リヴァイアサン』（1651年）

1650

アダム・スミス　『道徳感情論』（1759年）

1760

ジャン＝ジャック・ルソー　『社会契約論』（1762年）

1765

ヴォルテール　『寛容論』（1763年）

トマス・ペイン　『コモン・センス』（1776年）

1770

エドマンド・バーク　『フランス革命の省察』（1790年）

メアリ・ウルストンクラフト　『女性の権利の擁護――政治および道徳問題の批判をこめて』（1792年）

1790

1800

カール・マルクス　『共産党宣言』（1848年）

1850

チャールズ・ダーウィン　『種の起源』（1859年）

1860

マックス・ヴェーバー　『経済と社会』（1922年）

1920

アントニオ・グラムシ　『獄中ノート』（1929-35年）

1930

マハトマ・ガンディー　「インドを立ち去れ」演説（1942年）

1940

F・A・ハイエク　『隷従への道』（1944年）

1945

シモーヌ・ド・ボーヴォワール　『第二の性』（1949年）

1950

ケイト・ミレット　『性の政治学』（1968年）

1970

ピーター・シンガー　『動物の解放』（1975年）

1975

第3章
政治と社会

すくなくともプラトンの時代から、哲学者たちは政治と社会についての思想と格闘してきた。なかでも支配者と被支配者の関係、政府の合法性、平等と解放のような問題が彼らの前に大きく立ちはだかった。この章で考察する思想は、保守主義、革命政治、フェミニズム、動物の権利擁護など、あらゆる領域をカバーするが、どのテーマもわたしたちが政治と社会をどう理解するかに影響をあたえてきたという点で共通している。

フェミニズム

哲学はいつも女性を公正に扱ってきたわけではない。たとえばアリストテレスは、女性がはげ頭にならないのは、女性の本質が子どもたちのそれと非常に似かよっているからだと説明した。G・F・ヘーゲルは、男性を「動物にたとえるなら、女性は植物だ。なぜなら女性の成長はのんびりしたもので、その根底にある原則は、どちらかといえば感情のあいまいな寄せ集めだからだ」と述べた。もちろん、こうした態度の背景には、おそらくこれまでに存在したどの人間社会でも、女性がさまざまな形で男性に従属してきたという事実がある。

フェミニストたちは、それがまちがっているという考えでは合意しているが、なぜそうした状況が起こったのかについては意見が分かれている。急進的なフェミニストは女性の従属を、歴史上のすべての社会の特徴である家父長制度——政治、社会、文化における男性の女性に対する支配——と結びつける。家父長制度がどのように始まったのかについては全体的な合意がなされていないが、急進的なフェミニストの多くは、搾取的なジェンダーの役割が文化的に再生産されることでこの体制が維持されると考えている。いいかえれば、男性に奉仕することをとおして、女性が「女性」としてどうあるべきかを教えられるということだ。

一部のフェミニストは、家父長制度という概念に柔軟性が欠けていることに頭を悩ませる。社会的に高い地位を得ている女性も少数ながらいる、と彼／彼女らは指摘する。往々にして、ひどい困窮状態にある女性たちは、裕福な女性たちよりも同じように貧乏な男性たちとの共通点のほうが多い。それに、社会には抑圧され搾取されている別のグループもいる。とくに目立つのは特定の社会的階級や民族グループだ。フリードリヒ・エンゲルスは、女性の従属を資本主義社会の搾取的性質と結びつけた。女性が抑圧されるのは、男性

「男にとって女は性《セックス》だ――絶対的な性《セックス》であり、それ以外の何者でもない。女は男を基準に定義され区別されるが、男が女を基準に定義されることはない。男を本質的なものとすれば、女はそれとは反対の意味での非本質的な、付随的な存在だ」

シモーヌ・ド・ボーヴォワール、『第二の性』

が自分と血のつながった後継者に財産を残し、直系家族の血筋を確実に保つために女性を家庭内にとどめようとするからだ。階級にもとづいた社会を廃止すれば、女性の抑圧も廃止される。

しかし、性的な違いのない社会を創設することが可能だという考えには、異論が多い。男女の平等は生物学的な違いとも関係しているかもしれない。たとえば、ヘレナ・クローニンは、自然淘汰は複数の繁殖相手を求める男性に有利に働いたため、女性より男性のほうが「競争的で、リスクを好み、日和見主義で、忍耐強く、ひとつの目標にまい進し、自己顕示欲が強く、目立とうとする傾向がずっと強くなった。英雄的に死ぬことも、ノーベル賞を獲得することも、高速で運転することも、殺人を犯すのも、女性より男性が多いのはそのためだ」と、論じている。もしクローニンの見解が正しければ、男女の平等はまちがいなく立派な目標ではあるものの、達成するのはむずかしいだろう。この50年ほどのあいだにたしかに大きな進展は見られたが、まだ道のりは遠い。世界のほぼすべての地域で、女性は第一に家族の世話をする役割をにない、家庭内搾取の主たる標的になっている。そして、世界中の国で、宗教の名のもとで女性が抑圧されている。フェミニズムの仕事はまだ始まったばかりなのだ。

トマス・ホッブズ

Thomas Hobbes

国家の絶対的権力《リヴァイアサン》を擁護する

トマス・ホッブズは人間の本性についてひどく悲観的な見方をしていた。社会の啓蒙する力や政治的な義務がない「自然状態」では、「地球の表面についての知識も、時間という概念ももたず、芸術も、文字も、社会もない。そして最悪なことに、つねに恐怖と暴力的な死の危険がつきまとう。人間の生活は孤独で、貧しく、不快で、野蛮で、しかも短い」

ホッブズがこの見解にいたったのは、自然状態は物理的世界に存在するのと同じ避けられない法則によって支配されるという理由からだ。つまり、人間の自由に制限をくわえることのない自然状態では、戦争は避けられない。絶対的な自由は、もしなんらかの方法でそれがみずからの死を先にのばすことにつながるのであれば、ほかの人間を自由に殺せることを意味する。

ホッブズの解決策は、人々が絶対的な自由を放棄し、他者に対する行動については、自分が相手に許すのと同等の自由で満足することだった。そのためには「社会契約」に署名する必要がある。これは事実上、すべての人間の絶対的自由をひとりの人間、あるいはグループに移譲し、彼または彼らがすべての人間の平和と安全を守るためにこの権力を行使することを意味する。このように、社会契約は「あの恐ろしくも偉大なリヴァイアサン［聖書「ヨブ記」に登場する海獣］をよみがえらせる。より敬虔な言い方をすれば…われわれが不死の神のもとでの平和と防衛をゆだねる、死すべき神の存在だ」とホッブズは説明した。

この考え方にはいくつか問題がある。なによりも、絶対的権力をひとりの人間に手渡すという考えは不安をまねく。たとえばジョン・ロックは、ほかの人間からみずからを守る最善の方法が、超人的な力をもつ存在に権力をゆだねることだとはいいきれないと指摘した。つまりロックは、人間は「イタチやキツネによる被害はなんとかして防ごうとするのに、そのためにライオンに食われることには満足するか、そのほうが安全だと考えるほど愚かなのか」と問いかけたのだ。

それでも、ホッブズの思想はすさまじい影響をあたえた。たとえば、人間の本性はさまざまな面で堕落しているという考えは、多くの保守的な政治哲学者たちに受け入れられている。そして、社会がひとりの人間の絶対的権力の下に築かれるべきだと考える人は今ではほとんどいないだろうが、ホッブズが思い描いたような社会契約は望ましくもあり必要でもあると受け入れる人は多いだろう。

生年
1588年、ウェストポート、イギリス

没年
1679年、ハードウィック、イギリス

ホッブズは、いかなる主権国家の権力も絶対的なものでなければならないとして、国家の社会契約理論を提唱した。それが、自然状態の恐怖に対して国家の安全を保証する唯一の手段だと考えたのだ。

ヴォルテール

ライプニッツの楽観主義を否定する

Voltaire

若いころ、ヴォルテールは一種の楽観主義的理神論を信奉していた。宇宙にはニュートンが鮮やかに説明したとおりの秩序と規則性で神のしるしがきざまれている、と彼は論じた。そして、神はよき生活を送るのに必要な道徳的性質をもつものとして人間を創造したのだ、と。

ヴォルテールは、自分の楽観的な見解が世界に存在する苦しみでゆるがされていることに気づいていた。初期の著作のなかでは、たとえこの問題に自分では対処できないとしても、すくなくとも自分が満足できる程度には問題から目をそらすことができた。しかし、時間がたつにつれ、この立場を少しずつあらためるようになる。注目すべきは、ゴットフリート・ライプニッツの哲学的楽観主義に対してしだいに批判を強めるようになったことだ。ライプニッツの哲学は、簡単にいえば、この世界は合理的で完璧な神によって創造されたのだから、あらゆる可能な世界のなかで最善の形態であると考えるものだった。

ヴォルテールの悲観主義は、人々の不幸や窮状が無意味で無作為であることを身をもって経験したことでますます強くなる。とくにリスボンの大地震は、楽観主義的な理神論の立場からは説明がつかないように思われた。地震が発生したのは1755年の諸聖人の祝日で、教会には大勢の人が集まっていた。9000の建物が破壊され、３万人が犠牲になった。

ヴォルテールによるライプニッツの楽観論の否定は、風刺小説『カンディード』に力強く表現されている。題名と同じ名の主人公は、気まぐれで不要な苦しみが蔓延する意味のない世界に住んでいる。しかし、カンディードの師であるパングロス博士は、彼の「形而上学的・神学的・宇宙論」に従えば、これがすべての世界のなかで最善の世界だと考える。カンディードは次々と襲ってくる災難を経験するうちに、しだいにパングロスの楽観主義が信じられなくなり、人間の苦しみを目の前にしたときには抽象的な哲学的推論などなんの助けにもならないと理解する。それでも、小説の終わりは前向きな言葉で締めくくられる。無情な世界ではあっても、絶望は答えではない。人は実際的で効果的な行動をとるべきだ。カンディードは「わたしたちの庭を耕そう」と訴える。

ヴォルテールの重要性は、彼がやがて訪れる啓蒙主義の勝利に演じた役割にある。アメリカの偉大な世俗主義者ロバート・グリーン・インガーソルは、ヴォルテールの人生を次のようにまとめている。「半世紀のあいだ、拷問と刑罰をのりこえ、地下牢と大聖堂をのりこえ、祭壇と司教座をのりこえ、その勇敢な手で理性という神聖なたいまつを運んだ。その光がようやく世界を満たそうとしている」

生年
1694年、パリ、フランス

没年
1778年、パリ、フランス

ヴォルテールは理性の大義を強く支持し、宗教的権威主義の野蛮さを暴いた。理性の重要性に光をあてた彼は、無知、神話、迷信を敵にまわした。

ジャン＝ジャック・ルソー
Jean-Jacques Rousseau

社会契約論を発展させる

ジャン＝ジャック・ルソーは、人間はそもそも「高貴な野蛮人」で、孤独に平和的に暮らし、その日の必要を満足させることを第一に考え、予測や言語などの社会的存在としての側面をほとんど利用しなかった、と考えた。

ルソーはまた、人間は私有財産の出現によって奴隷生活を余儀なくされたとも言っている。実際のところ、市民社会は最初にだれかが土地の一角を囲いこみ、その所有権を主張したときに築かれたというのがルソーの考えだった。その主張を支持する人たちが現れると、所有権をめぐる関係性——すなわち不平等の関係性——を正当化し維持する手段として、必然的に市民社会が形成される。こうして、私有財産を中心に、社会の不平等と、それと結びついた道徳の堕落が広まることになった。

ルソーは、人間は自然状態に戻ることはできないと考えた。そうであれば、現在の状況のなかで自分たちの社会がどう統治されるのが最善かという問題が残る。これが、ルソーが『社会契約論』のなかで、おもに「一般意志」の概念を使って取り組んだ問題だった。社会的集団の外にいれば、個人は自由に自己利益を追求できる。しかし、いったんほかの人たちとの固定された関係性のなかで暮らしはじめると、この種の自由は奪われる。とはいえ、社会的集団のなかで生活しながらも自由を維持できる方法がある。それが社会契約だ。集団に属する個人それぞれが、その集団がもつ主権全体の一部を構成する。そうすれば、集団の「一般意志」と矛盾しない行動であるかぎり、自由が認められる。

もちろん、この考え方にはいくつか問題がある。なにより大きな問題は、主権をもつ集団の一員である個人は、自分自身の関心を脇に置き、共通善のためだけに行動することが求められることだ。すくなくとも20世紀の歴史は、一種の「多数の暴虐」と関連した恐怖の例が示すように、「共通善」はかならずしも大衆の政治的選択を動機づけるものではないことを教えている。たとえば、ヒトラーとスターリンがそれぞれの国で選挙を実施していたとしたら、地滑り的勝利をおさめていただろう。もっとも、こうした問題点はあるものの、人々の意志のなかに主権を位置づけたルソーの「一般意志」の概念は、民主主義思想史に重要な足跡をきざみ、啓蒙主義の重要な思想家という彼の評判を確たるものにした。

生年
1712年、ジュネーヴ、スイス

没年
1778年、エルムノンヴィル、フランス

ルソーは著作『社会契約論』でもっともよく知られる。そのなかで彼は、「人間は生まれつき自由だが、あらゆる場所で鎖につながれている」と述べた。これは彼の時代の主流の世界観——文明の影響を受けない自然状態の人間は、生まれつき不道徳なものだとする考え——に挑むものだった。

アダム・スミス
自由市場理論を展開する

Adam Smith

生年
1723年、カーコールディ、イギリス

没年
1790年、エディンバラ、イギリス

アダム・スミスに対する高い評価は、大部分が『国富論』の著者であることに向けられたものだ。たしかにこの本は、これまでに書かれたもっとも重要な政治経済学論文といえるだろう。しかし、彼の思想を知るための出発点としては、初期の論文『道徳感情論』のほうがふさわしい。

『道徳感情論』のなかで、スミスは人間には本能と理性の両方があたえられていると論じた。自己保存と種の繁殖のための本能は、人間の行動の源泉となる。そこで生じる疑問は、本能の力がそれほど強いのなら、人はどのように道徳的判断をするのかということだ。どのように自分自身の行動に責任をもち、ときには自分の行動がまちがっていたと結論づけるのだろう？

スミスの答えは、簡単にいえば、わたしたちには自分を他人の立場に置き換えて考える能力があり、したがって、自分自身の行動をふりかえることができるというものだった。個人が共感しあい、便宜をはかりあうことによって、社会的・道徳的な秩序が実現する。

この概念が『国富論』でスミスが採用した立場と一致するかどうかは明らかではない。たしかに、人間が自己保存と自己利益につき動かされるという考えは、２冊の本で一貫している。しかし『国富論』では、社会的・道徳的秩序は自己利益の追求の結果として「意図せずして」達成されるものだと論じている。自由市場では、自己利益のために行動する個人が「見えない手」によって社会全体を利する方向に導かれるという。

この主張を理解するために、あなたが書店の経営者だと想像してみてほしい。自己利益のための合理的な判断で、あなたは売り物の本に適正価格をつけようと思うだろう。そうしないと、客は競争相手の店で買うことを選ぶだろうからだ。同時に、あなたは従業員にも適切な賃金を支払おうと考えるだろう。そうしないと彼らは別の店で働くことを選ぶだろうからだ。そして、もしあなたがアメリカ人著者の本だけを売ると決めれば、あなたのライバルは利益を最大化しようと合理的に考え、ヨーロッパ人の著者の本を売りはじめるだろう。

このように、自己利益と市場に合理的に反応する能力が結びつくことで、人々は相互に利益をもたらす安定した経済システムを出現させる。ところが実際には、自由放任経済はこのような形では決して機能しなかった。そのことがスミスの評判に打撃をあたえた。彼の名前は、その哲学的、政治的、経済的思想に知恵をあたえた自由主義と同様、ヴィクトリア朝時代の過度な資本主義と結びつけて語られることが多い。

スミスは、わたしたちそれぞれが自分の内に中立的な観察者たるものをもち、それによって自分の行動だけでなく他者の行動に対しても共感し判断できると考えた。

エドマンド・バーク 革命による変化に反対する

Edmund Burke

エドマンド・バークは著述活動をとおして政治と社会の方向性に影響をあたえようとした。政治的には保守派に属するバークは、偏見や伝統の価値を信じる断固たる擁護者で、普遍的権利と民主政府という抽象的概念にもとづいた革命的変化を求める進歩主義政治に反対していた。

生年
1729年、ダブリン、アイルランド

没年
1797年、ビーコンズフィールド、イギリス

バークの保守主義は、実証されていない抽象的原則にもとづいた進歩主義政治への深い疑いに根ざしたものだった。長い歴史のなかで築かれてきた政治・社会体制を破壊することはまちがいだと彼は考えた。国家が今ある形態をとっているのは、それが主権である市民に数々の重要な面で奉仕してきたからだ。したがって、古代から現代まで脈々と伝えられてきたものを一撃で破壊しようとするのは賢明ではない。

バークは著書『フランス革命の省察』をとおして、革命の危険が武力を正当化するのだとイギリス政府を説得しようとした。彼はフランス革命を1688年の「名誉革命」と比較した。このとき、カトリックのジェームズ２世に代わって即位したオレンジ公ウィリアムは、市民の抵抗を受けることなくロンドンを行進した。ジェームズ２世はイギリスの基礎を築いた伝統を破壊することなく、国家の腐敗を正そうとしていた。対照的に、フランス革命は過去を完全に葬ろうとした。それは、普遍的権利の哲学にもとづいて社会を再建しようとする試みだったが、この哲学は宮廷人の抽象的な考えを試しただけのものにすぎず、伝統や受け継がれてきた価値観をかえりみないものだった。フランス革命は最初から失敗する運命にある変革だったのだ、とバークは考えた。

それでも、バークは野暮ったい思想家ではなかった。彼はただ、歴史と社会の現実に注意をはらう必要があると信じたのだ。そのため、たとえばアメリカ独立革命につながる一連の動きのあいだ、イギリスが反抗的な植民地に対して攻撃的な態度をとるべきだという意見には反対し、イギリスはアメリカの忠誠を確かなものにするために譲歩すべきだと論じた。歴史と経験は武力では目標を達成できないことを示している。そのため、たとえば不人気の税金を課すことはイギリスの当然の権利だと感じられたとしても、唯一の賢明な行動は和解だった。

バークの思想は何世代にもわたる政治思想家に知恵を授けてきた。彼のフランス革命についての見解は今となっては辛辣すぎるように思えるが、その背景にある思想の重要性は今も変わらず、多くの保守的思想家が理論的根拠の一部としている。

バークは、政治は伝統と受け継がれてきた価値観の重要性を理解したうえに築かれるべきだと考えた。政治思想家は未来を見すえるだけでなく、過去をふりかえることも必要だ。

トマス・ペイン
人間の権利を擁護する
Thomas Paine

トマス・ペインは1776年に発行された『コモン・センス』で、その名を知られるようになった。これは、フィラデルフィア・マガジンの編集者として働いているあいだに書いた小冊子だ。アメリカ独立戦争最初期の小規模な衝突に刺激されたペインは、アメリカがイギリスからの独立を求めるのは道徳的義務であり、実際的な必要でもあると論じた。そうしなければ、外国の支配者に従属させられるアメリカの姿を見ることになる。小冊子はたちまちのうちに成功をおさめた。

『コモン・センス』は大量に売れただけでなく、アメリカ革命の重要人物の何人かの目にもとまり、ペインの評判を確たるものにした。

ペインは独立戦争後に故郷のイギリスに戻ると、フランス革命の原則を擁護する『人間の権利』を書き、すべての人間は生まれながらにして平等で、生来の権利をもつと論じた。しかし、集団のなかで暮らせば、ときおり対立や不合意が生じることは避けられず、個人の権利は侵害される。その結果、すべての人の権利を守るために、個人では維持することのできない権利、たとえば損害の補償を求める権利などを政府にゆだねなければならない。したがって、唯一の合法的な政府は、国民全体によって築かれたものとなる。それが人民による人民のための政府である。

『人間の権利』は、ペインの生涯の転機ともいうべきものになった。この本はイギリスでは怒りの反応をひき起こし、ペインはフランスに逃亡せざるをえなくなった。そこでは最初のうちは幸運に恵まれ、「国民公会」に議席を得るほどだったが、すぐにロベスピエールと衝突して投獄され、アメリカの政治家ジェームズ・モンローの仲立ちによって、ようやく釈放される。彼は執筆活動を続け、後期の著書『理性の時代』と『土地問題における正義』は、内容的にはすぐれた面が多々あったものの、初期の著作ほどには大衆に支持されなかった。

ペインは政治的左派の歴史のなかでは今もまだ評価が高い。独創的なすばらしい思想家というだけでなく、文章力のあるすぐれたライターだった。その文章は今でも人々の心を動かす力をもつ。

生年
1737年、セットフォード、イギリス

没年
1809年、ニューヨーク、アメリカ

I love the Man that can Smile in
that can gather Strength from
and grow brave by reflection
oppression.

ペインは民主共和主義こそ、すべての人間の平等な権利を維持する最善の方法だと考えていた。個人の自由な意思にまかせておくと、必然的に不和におちいり、どこかの時点で対立が生じる。

メアリ・ウルストンクラフト
Mary Wollstonecraft

女性の権利を擁護する

生年
1759年、ロンドン、イギリス

没年
1797年、ロンドン、イギリス

メアリ・ウルストンクラフトはトマス・ペインの流れをくむ急進的な思想家だった。彼女はペインと同様に、人工的な階級分けは人類の繁栄の可能性をむしばむと考えた。そして、政府の形態は世襲の君主制より共和主義のほうが望ましいとも考えた。しかし、彼女はひとつの重要な点でペインとは異なっていた。人間の権利を擁護するだけでなく、女性の権利を擁護したのである。

ウルストンクラフトは、理性的な存在としての個人の可能性を最大限に生かすことを訴える啓蒙主義の思想を支持していた。しかし残念ながら、彼女が生きる世界はこの理想とはほど遠かった。とくに、女性たちはその知的で理性的な能力を発揮できない抑圧された環境のなかで育っている。それが結果的に、女性だけではなく男性にも不利益をおよぼしている、とウルストンクラフトは考えた。女性が男性と同じ権利を共有できれば、男性のもつ美徳を映しだす存在にもなるだろうからだ。

男女の不平等のおもな原因は教育にあった。ウルストンクラフトは著書『女性の権利の擁護』のなかで、この問題について書かれた多くの本を読んでわかったのは、女性たちが自分は男性とは正反対の特徴をもつ存在だと教えこまれているということだけだった、と書いている。つまり、他者のために生活のすべてを捧げるのが女性の本分であり、性的に魅力的であるためには、従順で、服従的で、男性を喜ばせることに努力をおしんではならない、ということだ。

ウルストンクラフトは、女性のおかれた状況を改善するには、教育から変える必要があると信じた。とくに、ルソーの見解とは違って、女性は男性と同じように総合的な教育を受け、合理的能力を開拓するように奨励されるべきだと考えた。「完璧な教育とは…身体を鍛え、心を形成するための最善の方法を自分で考えられるように導くことだ。いいかえれば、個人が自立を獲得するための価値ある習慣を身につけられるようにするものである」

ウルストンクラフトのメッセージは、当時の基準からみれば急進的すぎた。しかし、彼女が完全に現代的な形のフェミニズムを唱導していたと考えるのはまちがいだろう。たとえば、男性への服従は否定しながらも、女性の第一の義務は母親になることだと考えていた。それでも、現代のフェミニストたちにとって、彼女の思想は今もインスピレーションのよりどころである。女性の権利を擁護した最初の人物ではないが、最初のフェミニストとみなすのが公平な見方だろう。

ウルストンクラフトは、社会が期待する女性の役割に異議を唱えた。なかでも、男性とは違うのだと教えられること、男性を魅了し従順にへつらうために性的魅力をつちかうように教えられることに反対した。

チャールズ・ダーウィン
自然淘汰説を形成する

Charles Darwin

生年
1809年、シュルーズベリー、イギリス

没年
1882年、ダウン、イギリス

チャールズ・ダーウィンは科学史上、おそらくもっとも影響力のある理論を提唱した人物だ。つまり、自然淘汰のメカニズムによる種の進化論である。

『種の起源』が1859年に発行され、この説に世界の注目が集まるまでは、創造主に言及することなく現実世界の複雑さを説明するのは不可能だった。たとえば、人間の目は自然の働きで生じたにしては、あまりに複雑で、あまりに精巧すぎる。ダーウィンは創造論がまちがいであることを示した。

彼は人口について分析したトマス・マルサスの有名な論文を読んでいた。マルサスはそのなかで、人口はそれを支える生活資源の生産能力が追いつかないほどの勢いで増加していると論じた。ダーウィンがそこから学んだのは、現実世界は競争にあふれているということだった。すべての種が生存できる以上の個体を繁殖する傾向があり、したがってその生涯は生存競争によって、より正確にいえば繁殖のための闘いによって特徴づけられる。この理解が自然淘汰による進化論へとつながった。ダーウィンの主張は次のように続く。

どの種のなかにも、その種に受け継がれた特性を変異させた個体が存在する。鋭い歯をもつ個体がいるかもしれないし、切れ味の悪い歯をもつ個体もいるかもしれない。繁殖のための闘争に貢献する変異（たとえば、鋭い歯をもつことが生存期間を延ばし、繁殖のために役立つのであれば、鋭い歯）は、貢献しない変異（その個体が獲物を殺すことができないことを意味するのであれば、切れ味の悪い歯）よりも子孫に伝えられる可能性が高くなる。こうして時間の経過とともに、種の生存に役立つ変異が支配的になる。つねに新しい変異が生まれて自然淘汰の働きをうながすかぎり、進化は無限に続いていく。この非常に力強い理論は、たとえば、なぜ人の目が創造主の力がなくても出現したのかを説明してくれる。小さな斬新的なステップによって、少しずつ進化したのである。

ダーウィンの重要性はいくら強調してもしすぎることはない。彼は近代の進化生物学の創始者だった。彼の時代には遺伝の正確なメカニズムと自然淘汰が働く変異の起源ははっきりしていなかったが、今では遺伝子が特性を受け継ぐ単位であることがわかっている。そして、しばしば遺伝子が変異してその有機体に新しい特徴をつけくわえ、それがまた自然淘汰の対象になっていく。

ダーウィンによれば、濃い斑点のあるオオシモフリエダシャクが、明るい色の個体より長く生きるのは、産業汚染が進んだイギリスのいくつかの都市では、その斑点がカモフラージュになるためだった。濃い色の個体が繁殖に成功すると、やがてそれが支配的になる。これが自然淘汰の働きだ。

カール・マルクス
Karl Marx
資本主義への革命的批判を形成する

生年
1818年、トリーア、プロイセン（現ドイツ）

没年
1883年、ロンドン、イギリス

その思想の影響力という点では、カール・マルクスはもっとも重要な近代哲学者だ。ロシアと中国の社会主義革命は彼の著作に刺激されたものであったし、世界には今もみずからをマルキシストとよぶ人たちが大勢いる。

マルクスは、自由意志で選んだ集団的な労働のプロセスで協力するのは人間の本性だと考えていた。これによって人々は適切な自己実現を達成する。しかし、マルクスはそこに問題を見つけた。これまで存在した社会では、このプロセスは社会階級の存在によって――生産プロセスを所有し管理する者とそうではない者との区別によって――ゆがめられていた。ここで重要となるのは、つねに労働プロセスから疎外される大きな集団が存在するということだ。彼らは自分たちが生産活動に従事する労働環境を管理する力をもたず、自分たちの労働の果実である生産物を管理することもできない。

この種の疎外が頂点に達するのが資本主義社会である。資本主義はふたつの階級、すなわち生産手段（工場など）の所有者であるブルジョワジーと、労働力しかもたないプロレタリアートのあいだの根本的な対立によって特徴づけられる。プロレタリアートは自分で選んだわけではない環境に労働力を売ることを強いられるため、生産プロセスから疎外される。彼らの生産エネルギーは彼らを搾取する階級のために使いすてにされる。マルクスはプロレタリアートが経験する疎外をこう言い表した。「彼は労働で自己実現を達成することはなく、自己否定する。幸福感はなくみじめさを感じる。知的・身体的エネルギーを自由に発達させることなく、身体は消耗し、知能は低下する」

しかし、プロレタリアートにとってすべてが失われたわけではない。マルクスの考えでは、彼らこそが人類の解放のにない手になる可能性を秘めていた。資本主義は矛盾だらけで、やがては崩壊する運命にある。その崩壊をもたらすのがプロレタリアートだ。みずからの現実と状況を認識している「対自的階級」として、すべての階級を廃止し、集団的所有権にもとづいた新しい社会、すなわち共産主義社会を築くことこそが、プロレタリアートの運命なのだ。そうすることで、プロレタリアートはみずからの労働の果実から、労働プロセスそのものから、そして、彼らが本来もつ人間性からの疎外を終わらせることができる。

マルクスは、自己実現は階級のない社会においてのみ達成できると信じていた。資本主義のもとでは、労働者は余暇時間に自分の家にいるときしか自分自身を感じることができない。職場では自己実現できず、自分の本性から切り離される。

マックス・ヴェーバー
経済決定論を否定する

Max Weber

生年
1864年、エアフルト、プロイセン（現ドイツ）

没年
1920年、ミュンヘン、ドイツ

マックス・ヴェーバーによれば、人々の行動がたどる典型的な道筋をどれだけ正確に予測しても、その背景にある動機を理解しなければ、意味のない統計的な確率を明らかにするだけで終わる。もし社会的行動を理解したいのなら、なにがその動機づけをあたえたのかを理解しなければならない。

カール・マルクスは、社会の変化は経済システムのなかの矛盾によってひき起こされるのであって、この種の大規模な社会的変化は、人々が自分の行動と結びつける意味とはほとんど無関係だと論じた。しかし、ヴェーバーはその考えに同意しない。そして、彼の代表作である『プロテスタンティズムの倫理と資本主義の精神』のなかで、封建主義から資本主義への移行のような重要な変化でさえ、理念と意味が原動力になりうることを示した。

ヴェーバーは、ドイツにおける初期の資本主義の出現と、当時主流だったカルヴァン主義のプロテスタンティズムには、統計上の相関関係があることに気がついた。これは、カルヴァン主義が予定説を奉じる神学だったことと関係している。信者は自分が天国に行けるかどうかに影響をあたえることはなにもできない。彼らの信仰には地獄の炎に焼かれるかもしれないという恐怖がつねにつきまとうが、その不安を軽減するのを助ける心理が働く。世俗的な成功は神の御心にかなった証拠だとみなされるため、勤勉に働き、自分の労働の果実を楽しむことをひかえれば、その成功が自分の運命に影響をあたえることはなくても、その成功自体がまちがいなく神に選ばれたひとりであるという「兆し」となる。その結果として、資本主義が成熟する条件が整った。

ヴェーバーは、これが資本主義出現の物語のすべてではないことを知っていた。しかし、彼の分析は、社会的現象を純粋に物質的な側面から説明しようとする理論に修正をくわえた。社会的行動をその意味レベルで理解することが、社会のプロセスを完全に理解するための核心かもしれないと示すことができたのだ。

ヴェーバーの影響は永遠に続くだろう。事実、現在の世界にみられる宗教的原理主義とナショナリズムの再興を考えれば、社会を説明するのは経済と社会構想だけでなく、理念と意味でもあるという彼の主張は、かなり正確に将来を予見していたように思われる。

ヴェーバーによれば、人間の行動を理解するには、最初にその行動に結びつけられた意味を理解することが欠かせない。そうしないと、社会的行動の説明に「意味レベルでの妥当性」が欠けることになる。

マハトマ・ガンディー 非暴力の哲学を唱道する

Mahatma Gandhi

モハンダス（マハトマ）・ガンディーの非暴力《アヒンサー》の哲学は、一部には、その行動がどれほど非難すべきものであっても、すべての人間には魂がある、という彼の信念にもとづいている。これは、相手の人間性に訴えて説得すれば、その見解や行動を変えられる可能性はつねにあることを意味する。

さらに、暴力の影響には永続的なものや、もとの状態に戻すことが非常にむずかしいものがある。したがって、それを正当化するには、暴力という手段をとる動機づけが正しいことと、その暴力が望む結果をもたらすことを確信していなければならない。しかし、人間は誤りを犯すものなので、そうした確信は決して手に入らない。そのため、適切な行動として暴力を選ぶことは否定される。

しかし、ときにはぬきさしならない状況におちいって、暴力に訴えることもあるだろう。ガンディーもそのことは十分に理解していた。たとえば、アメリカが広島に原爆を落としたのは正しかったと考える人もいるかもしれない。それによって太平洋戦争を早期に終結させ、結果として大勢の命を救うことになったからだ。しかし、ガンディーの考えでは、このような形で手段と目的を切り離すことはできない。どんなに目的がすぐれたものであっても、そのために疑わしい手段を使えば、達成された目的は必然的にそれをもたらした不道徳によって傷つけられたりゆがめられたりする。

もし暴力が紛争を解決する手段にも、大きな不正を終わらせる手段にもならないのであれば、そのかわりにどんな手段を使うべきなのだろう？　ガンディーはこの問いに途方もない答えを用意していた。自分の苦難をとおして敵対者に本来そなわる人間性を目覚めさせればよい。彼は次のように語っている。

「…もしあなたがなにかほんとうに重要なことをやりとげたいなら、ただ相手の理性を満足させるだけでなく、心も動かさなければならない。理性への訴えは頭に向けたものだが、苦難は心をつらぬく。それが人の心の奥底で理解の扉を開く。人間を人間たらしめているのは苦難であって剣ではない」

この考えが、非暴力の政治的抗議というガンディーの決意を支えていた。多くの人は、ほんとうにかぎられた状況でしかこの方法は使えないと思うだろう。しかし、ガンディー自身のインドでの例や、マーティン・ルーサー・キングのアメリカでの例が示すように、非暴力は社会的・政治的変化をうながすための非常に効果的な手段になりうる。

生年
1869年、ポルバンダル、インド

没年
1948年、デリー、インド

ガンディーが信奉したアヒンサーの哲学は、あらゆる形の暴力を不必要とする。抑圧者の暴力に直面したときでさえ非暴力で応じ、苦しみを見せることで彼らの心を開くのだ。

アントニオ・グラムシ ヘゲモニー理論を唱える

Antonio Gramsci

生年
1891年、アレス、サルデーニャ島

没年
1937年、ローマ、イタリア

決定論的マルクス主義の一派によれば、資本主義社会はその経済的基礎に内在する矛盾のために共産主義への移行は避けられず、革命はかならず現実のものとなる。

アントニオ・グラムシはその考えには同意しなかった。そのかわりに、プロレタリアート——資本主義を崩壊させることが運命づけられた労働者階級——は、ブルジョアジーの覇権《ヘゲモニー》的支配に屈し、市民社会にはそれを支配する既存の秩序と階級の利害をなんらかの形で強化するような、信条、価値観、習慣、実践の体系が広まる、と考えた。

このヘゲモニー理論は、なぜプロレタリアートがマルクスの予測したような革命的意識を発達させなかったかをある程度まで説明してくれる。資本主義の中心に内在する矛盾は、体制の自動的な崩壊にはつながらない。なぜなら、ブルジョワジーが社会の「上部構造」要素——たとえばメディア、教育、法律——を支配しているからだ。そう考えれば、成功をおさめる可能性の高い革命戦略がおのずと見えてくる。

グラムシは「機動戦」と「陣地戦」を区別していた。1917年のロシア革命のようにブルジョワ階級が覇権的コントロールをにぎらない状況では、機動戦（すばやい革命戦争）がうまくいく。しかし、これは現代欧米社会にはあてはまらない。そこでは「市民社会の上部構造が近代戦における塹壕体系のように働き」、資本主義は定期的に起こる危機をのりこえてきた。この状況で求められるのは陣地戦であり、これにはプロレタリアートによるイデオロギー的ヘゲモニーを奪いとるための闘争がふくまれる。簡単にいえば、プロレタリアートとそれと同盟を組む階級が、革命的変革のためのプロジェクトにとりこまれなければならない。これなくして社会主義への移行は実現しない。

グラムシの思想は、標準的なマルクス主義思想の枠組みにいっそうの洗練をくわえた。しかし、彼の思想には科学的な反証をはばむあいまいなところがある。もし資本主義が崩壊しないのなら、それは崩壊を期待する理由がないからではなく、ブルジョワジーの覇権的支配のために、プロレタリアートが解放勢力というみずからの本当の運命に気づいていないからだ。いいかえれば、資本主義は本来不安定なものなので、陣地戦がひとつ起これば革命は達成されるというのがグラムシの基本姿勢だった。この考えはたしかに、革命はすぐそこまで来ているという標準的なマルクス主義の路線と一致する。問題は、21世紀に入った現在の世界では、それが現実に起こるとはあまり思えなくなっていることだ。

odio gli indifferenti
Antonio Gramsci

グラムシは、資本主義社会ではプロレタリアートがブルジョワジーに従属したままだと信じていた。あまりに長いあいだ、資本主義のイデオロギー的プロジェクトに組みこまれてきたからだ。

F・A・ハイエク
小さな政府を擁護する

F. A. Hayek

生年
1899年、ウィーン、オーストリア

没年
1992年、フライブルク、ドイツ

第２次世界大戦後の西ヨーロッパでは、経済は国有・私有が混合した状態がもっともうまく機能するという見方が優勢だった。イギリスでは、福祉国家と完全雇用の約束にこの見解もくわえて「戦後コンセンサス」とよばれた。

小さな政府の擁護者として知られるＦ・Ａ・ハイエクは、この戦後コンセンサスの概念を受け入れなかった。もっとも有名な著作『隷従への道』のなかで、彼は中央計画と政府の介入が危険なのは、それが全体主義につながるおそれがあるからだと論じている。

「経済的統制は人々の生活の一側面だけを切り離して管理するのではない。それは、すべての目的のための手段の統制なのだ」

ハイエクはやがて見方を変えることになるが、この時点では政府の役割を多少なりとも制限し、法の支配を強化すべきだと考えていた。彼は、めざす結果を確実に得るために政府が市場を操作すべきであるという、戦後のヨーロッパでもてはやされた考えをはねつけた。なかでも、国家が物質的平等を促進すべきだという考えには否定的だった。たとえば、富裕層が貧困層より高い所得比の税を支払うという進歩的な税制に異議を唱えた。それが法の前での平等の原則に反するからだ。

ハイエクは国家社会主義とスターリン主義の亡霊につきまとわれていた。最小限の政府こそ、これらの全体主義社会が根絶しようとしていた種類の自由を守る最善の方法だというのが彼の見解だった。中央で計画されたものは、個人の自由を守ることはできない。社会の自発的な機能を統制しようとする試みは、必然的に社会を全体主義に向かわせる結果に終わる。

20世紀後半をほぼ通じて、ハイエクの見解は少数派にとどまっていた。ケインズの経済理論をもとにした戦後コンセンサスが、1980年代までの欧米の政治と社会を支配した。しかし、そこから状況に変化の兆しが見えはじめた。イギリスではマーガレット・サッチャー政権が、アメリカではロナルド・レーガン政権が、小さな政府を唱道した。ハイエクの評判はうなぎのぼりで、今では20世紀のもうひとりの偉大な経済学者として、ケインズと同等に見られている。

古典的自由主義者の**ハイエク**は、政府の役割は、個人がみずからの目的を自由に追求できるような環境を生み出すことに制限されるべきだと信じていた。

シモーヌ・ド・ボーヴォワール

Simone de Beauvoir

女性の従属を分析する

生年
1908年、パリ、フランス

没年
1986年、パリ、フランス

シモーヌ・ド・ボーヴォワールは20世紀のもっとも重要なフェミニスト思想家だろう。彼女の重要な著書『第二の性』の主要論点は、女性が男性から見た「他者」として定義されがちだということだった。

「他者」という観念には実存的分析もふくまれる。この概念はヘーゲルの主人と奴隷の弁証法にさかのぼることができる。簡単にいえば、人は同胞（他者）を支配することによって自分自身を自律的な存在と定義するというのがヘーゲルの主張だった。ド・ボーヴォワールはこの考えを男女の関係にあてはめた。『第二の性』の導入部では、こう論じている。女は「男を基準に定義され区別されるが、男が女を基準に定義されることはない。男を本質的なものとすれば、女はそれとは反対の意味での非本質的な、付随的な存在だ。男は主体的、絶対的なものであり、それに対して女は“他者”なのだ」

ボーヴォワールはヘーゲル派哲学の別のふたつの用語、「超越」と「内在」を使い、男女の関係性を分析した。男性はおもに仕事の領域で、世界と自分との関係を定義するプロジェクトに自由にのりだすことで超越性を体現する。一方、女性は内在を強いられる。日常の退屈な雑事をくりかえし、とくに母親、家事従事者、男性の性的欲望の対象としての役割をこなす。女性は生まれながらに男性よりもおとるものとみなされ、自分自身もそう感じる。「他者」としての彼女たちの地位は、女性本来の機能のように思える。いいかえれば、「永遠の女性らしさ」という考えには劣等性が組みこまれている。男性にとっての「他者」であることが、女性であることの一部になっているのだ。

女性の劣等性が自然に見える分だけ、女性は自分自身の抑圧に加担している。自由の否定にもなんらかの利点があるとするのが実存主義に共通したテーマだ。ド・ボーヴォワールはこの考えを発展させ、たとえば、女性は自身の自由を追求するよりも、特定の男性によりそうことで定義される生活の安全を好むのかもしれない、と論じた。

いうまでもなく、「永遠の女性らしさ」は幻影にすぎないと彼女は考えた。したがって、女性が自由を実現するためには、退屈な日常のくりかえしにしばりつけることで女性らしさが得られるとする概念を、みずから否定しなければならない。

ド・ボーヴォワールは、男性がほんとうに女性の自由を奪っていると信じたわけではない。そう考えれば、すべての個人は必然的に自由だとする彼女の実存主義思想に反するからだ。

ケイト・ミレット
家父長制度の理論を発展させる

Kate Millett

生年
1934年、ミネソタ州セントポール、アメリカ

ケイト・ミレットの画期的な著書『性の政治学』は、1970年代初頭のフェミニズムの第二の波で中心的役割を果たすテキストになった。彼女は、男女の関係は女性の従属によって特徴づけられると主張した。さらには、女性が男性にコントロールされる制度である家父長制度が、程度は異なるにせよ、すべての人間社会の特徴だと論じた。

ミレットは生物学的要因が家父長制度の広がりの原因であることを否定した。明らかな身体的特徴の違いのほかには、男女間の重要な生物学的な違いを裏づける説得力ある証拠はない。ミレットの考えでは、ジェンダー――ふたつの性それぞれに結びつく気質と行動――は、圧倒的に社会構造によって生じる。つまり、文化的に創造されるものなのだ。このことは性的行動にさえあてはまる。それは「ほぼ完全に学習の産物だ。あまりにもそうなので、性行為そのものでさえ長い一連の学習によって得られた反応の産物とよべる。パターンと態度への反応、さらには社会的環境がわたしたちにあてがう性的対象とみなされることへの反応だ」

ミレットによれば、家父長制は社会化の機能をとおしてその正当性を獲得している。たとえば、人間の人格はあらかじめ決まったステレオタイプの性的アイデンティティにもとづいて形成され、女性はおもに家庭内の役割に制限される。それどころか、ミレットは女性の役割は動物とほとんど変わらないとまで言っている。子どもを産んで育てることが女性の役割だ。対照的に男性は「人間をほかと区別する」活動を追求する。彼らの関心と野心は家庭内での奉仕や子どもたちの世話に限定されない。

『性の政治学』にまとめられたミレットの考えは、激しい反論をひき起こした。自分はバイセクシュアルだと彼女が公表したあとは、保守派の評論家たちがミレットは男性を敵視するレズビアンだとしてはねつけた。フェミニストの批評家のほうでは、家父長制が女性を幼児化したに等しいという考えは、女性を侮辱し、男性の力を過大評価していると非難した。ミレットは、性とジェンダーのアイデンティティの構築に文化が果たす役割を過大評価しているという理由からも批判された。それにもかかわらず、彼女の著作の重要性は今も変わっていない。

ミレットは、家父長制社会では女性は受動的で、従順で、無力であることを学び、男性は有能で、攻撃的で、知的であることを教えられると論じた。ミレットによれば、こうした違いはそれぞれのジェンダーに割りあてられる役割によって強化される。

ピーター・シンガー
動物の権利を擁護する

Peter Singer

生年
1946年、メルボルン、オーストラリア

おそらく存命中の哲学者のなかでもっとも論争をまきおこしているのが、ピーター・シンガーだろう。ドイツでは、彼の講義は抗議で中断させられる。アメリカでは、彼をプリンストン大学の生命倫理学教授に任命したことが激しい批判をまねいた。そうした強い感情的反応をひき起こすのは、安楽死、中絶、動物の権利などについての彼の見解のためだ。

ピーター・シンガーは倫理にかんしては結果主義者で、ある行動の正しさはその帰結にもとづいて判断すべきだと考えている。なにより、人は選好充足（欲望の満足）を最大化するために努力すべきだという考えをもっていた。いいかえれば、ある行動はそれに影響されるだれかが、自分の選好するもの（たとえば物質的快楽や学業の達成）を満足させる分だけ正しいということになる。この公式は複雑ではないように思えるかもしれないが、もっと深く追究してみるとそのむずかしさが明らかになる。

動物の場合を考えてみてほしい。シンガーは著書『動物の解放』のなかで、人間と動物が別の種だからという理由だけで、異なる扱いをするのはまちがっていると論じている。重要なのは、彼らが生きるに値する種類の生活を送っているかどうかなのだ。それを見きわめるポイントのひとつは、彼らが好みというもの（自分の幸福感や他者への愛着に根ざしたもの）をどの程度もっているか、あるいはもつ可能性があるかどうかである。

今では倫理的ジレンマの興味深さを実際に観察することができる。たとえば、ずっと植物状態にある人間ひとりを救うことが、すぐれたサル１匹の命を犠牲にすることを意味するとしたら、その人間を救うべきだろうか？　シンガーの見方からすれば、通常はすぐれたサルを救え、ということになるだろう。この状況では、人間はすぐれたサルの死を正当化できるような価値ある生活を送っていないからだ。

この種の分析をさらに広げて応用することもできる。たとえば、もし赤ん坊が重度の脳障害をもって生まれてきたら、安楽死はまちがったことではないかもしれない。その幼児は自意識が相当制限されることだろう。他者に対して意識的に愛着を覚えることはないし、自分の生存のために認知能力を投資することもない。苦しむばかりの生活になるかもしれない。そうした状況では、親の同意を得て幼児の命を終わらせるための積極的なステップをとることが正しいと判断されることもある、とシンガーは考える。

以上のことを考えれば、シンガーの見解が彼をトラブルにまきこんできたのも理解できる。それでも、こうしたすべてにかかわらず、彼の主張がどの点でまちがっているのかは明らかではない。おそらく、そこから導き出すべき教訓は、哲学はときには不快な結論に達することもあるということだろう。

シンガーの倫理的見解は激しい議論の的になる。たとえば、健康で知能の高いサルの命は、重度の脳障害を負った新生児よりも価値がある、と彼は論じる。

1910

1911

カール・グスタフ・ユング 『変容の象徴』（1912年）

1912

ジークムント・フロイト 『夢判断』（1913年）

1913

1914

1915

ジョン・デューイ 『民主主義と教育』(1916年)

1916

1920

1930

アブラハム・H・マズロー 『人間の動機づけ理論』（1943年）

1940

1950

B・F・スキナー 『言語行動』（1957年）

ノーム・チョムスキー 『文法の構造』（1957年）

1960

ジャン・ピアジェ 『教育科学と子供の心理学』（1969年）

1970

ローレンス・コールバーグ 『道徳開発の意味と測定』（1981年）

1980

1990

第4章
応用哲学

この章でとりあげる思想は、人間であることは何を意味するかという問題とさまざまな形で関連している。たとえばフロイトとユングは、人間の行動の引き金となる無意識の働きに関心をもった。ピアジェとコールバーグは、人の認知能力が時間の経過とともにどう発達するのかを明らかにすることに関心をもった。これらの思想家たちを哲学者とよぶのは議論の余地があるかもしれないが、彼らの思想と洞察は、現在は大陸哲学とよばれている研究分野の発達に大きな影響をあたえた。

精神分析

ジークムント・フロイトが最初にそのテクニックを開発した精神分析の目的は、「無意識を意識に上らせる」ことによって、患者が精神的な安定をとりもどすのを助けることである。無意識の領域を明らかにすることが効果的な治療法になりうるという考えは、1890年代後半にフロイトが患者に対して催眠術を使ったことがきっかけで生まれた。患者が抱える問題の原因を明らかにするだけで、健康状態を改善することが可能だとわかったのだ。

精神分析医は患者の無意識の心にアクセスするさまざまな手法を編みだしてきた。なかでもとくに重要なのは、おそらく転移だろう。これは「アナリサンド（分析を受ける人）」のおもに幼少期の経験に根ざす、抑圧された思考、感情、欲求を分析医に投影させることで、その意味の解明を助けるものだ。しかし、これは簡単なプロセスではない。フロイトは、転移はいつも抵抗にあい、おそらくは怒り、回避、不まじめさのような反応になって現れ、それ自体がさらなる分析と解釈を必要にさせると言っている。

転移は精神分析による治療ではとくに重要なものだが、分析者が使えるテクニックはほかにもある。フロイトは自由連想法と夢分析の重要性を強調した。自由連想法では患者に、頭に思い浮かぶことをなんでも――どんなに突飛なものでも、無関係でも、あるいは幻想的であっても――口にしてもらう。熟練した分析者なら、ためらいや無意識下の結びつきなどに気づき、失われた記憶を患者がとりもどすのを助けることができる。

夢分析では、患者の夢を無意識の欲望の象徴として扱う。ここで重要なのは、睡眠中には起きているときよりも少ない努力で、こうした欲望をしりぞけるためのさまざまなメカニズムが働くということだ。そのため、無意識は夢のなかでその欲望の存在を感じさせることができるが、ひどくゆがめられた形をとることもある。分析医

「夢分析は心の無意識の活動を知るための王道だ」

フロイト、『夢分析』

は夢を解読して、その隠れた意味、より正確にいえば潜在的な欲望を掘り起こす。現れた夢の内容を構成する「夢の働き」をさかのぼることで、その本来の意味と、それが表す抑圧された欲望に近づくのである。

精神分析は軽度の人格障害（恐怖症や、軽度のうつなど）をわずらう人にはとくに効果がある。しかし、重度の統合失調症などの場合は、今ではこの病気がすくなくとも部分的には生理的障害であることがわかってはいるものの、夢分析を役立てられるほど患者の思考は明瞭ではない。

精神分析は感情的な負担が大きく、時間がかかり、費用も高く、分析される人の側にも一定レベルの知的能力が求められる。もちろん、最大の問題は効果があるのかということだ。精神分析にかんしては、なにを「効果がある」とみなすかについて意見が分かれている。分析者は症例記録をつけているが、扱う対象が簡単に測定できるものではないので、決定的な判断をむずかしくする。それでも、すくなくとも心理学の世界においては、精神分析には治療効果があるという判断に大きく傾いている。

ジークムント・フロイト
精神分析による治療を創始する

Sigmund Freud

生年
1856年、モラヴィア地方フライベルク、オーストリア帝国（現チェコのプジーボル）

没年
1939年、ロンドン、イギリス

ジークムント・フロイトは、人間の行動はほとんど制御不能な無意識の力につき動かされていると考えた。彼は、人間の精神構造はイド（エス）、自我、超自我の三つの大きく異なる相に分かれると論じた。

イドはその人の本能、主として性的な本能からなる。自我は合理的な意思決定をつかさどる。そして、超自我は道徳的で批判的な判断をくだす部分だ。イドはすぐに欲望を満足させようとするが、「現実原則」から形成される自我が、イドの欲求と現実世界で生きるための必要とのあいだでバランスを保つ役割を果たす。それと同時に、自我は超自我も満足させなければならず、超自我から見て道徳的に受け入れられる範囲内に行動をおさめなければならない。

この状況は心理的葛藤をまねく要素に満ちている。たとえば、超自我が強すぎると、罪悪感や不安、多くの欲望と記憶を無意識の奥深くに埋めこむことになる。フロイトは、このように抑圧された葛藤は無意識下でも強い力を保つと考えた。そして、さまざまな方法で——夢のなかで見たり、口をついて出たり、病的恐怖に襲われたり、空想するという形で——その存在を意識させることができる。ある有名なケーススタディで、フロイトは「少年ハンス」の馬に対する恐怖心は、実際には父親に対する恐怖心の現れで、それは母親に対するエディプス的欲望に根ざし、父親はある意味で恋敵になるからなのだと論じた。

フロイトによれば、無意識が意識に送りこむメッセージを読み解くことが精神分析医の仕事になる。分析医は自由連想法、言語連想法、夢分析などのテクニックを使って、抑圧された記憶を表面に浮き上がらせようとする。つまり、わたしたちの思考と行動の無意識下にある根を知ることで、それをコントロールするのに優位な状況が生まれる。しかし、精神分析の治療効果については、残念ながら主張されているほどの効果をもつという確たる証拠はほとんどない。

20世紀の欧米思想にフロイトがあたえた影響は、いくら評価してもしすぎることはないだろう。なかでも彼は、合理的で自立したように見える自己でも、実際にはずっと多くの問題を抱えていることを示した。

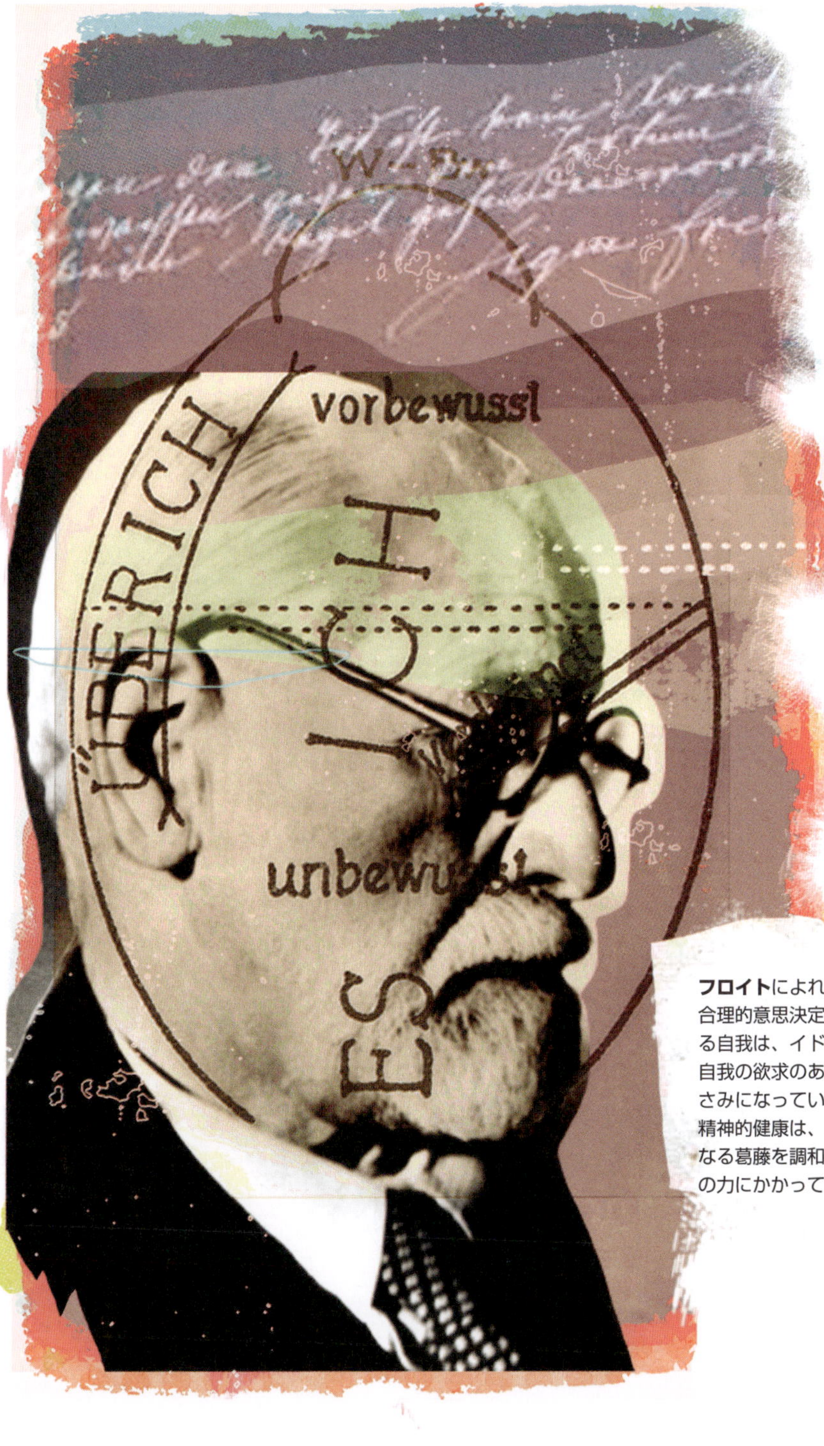

フロイトによれば、自己の合理的意思決定をつかさどる自我は、イドの欲求と超自我の欲求のあいだで板ばさみになっている。人々の精神的健康は、こうした内なる葛藤を調和させる自我の力にかかっている。

ジョン・デューイ
進歩的教育を支持する
John Dewey

生年
1859年、ヴァーモント州、アメリカ

没年
1952年、ニューヨーク、アメリカ

ジョン・デューイによれば、どんな信念もその真の価値はそれが役に立つかどうかで評価される。もっと正確にいえば、わたしたちがこの世界で生きていくうえで役立つルールを提供するかどうかで価値が決まる。

人々が毎日の生活をなんとかすごしていけるのは、すでに確立され、社会的に認められた一連の習慣をとりいれることができるからだ。しかし、こうした習慣がうまく機能しなくなることがある。それまで頼りにしていた行動や反応では状況に対処できなくなり、そのまま続けることがむずかしくなる。たとえば、科学者が実験から得た新しいデータが、それまでに確立された科学的理論に一致しないことがある。この時点で純粋な疑いが生じ、さらなる探究が必要になる。

取り組む必要のある問題点が特定されたら、その状況にふくまれる特徴的な要素を孤立させるという方法で探究を進めるのがいい、とデューイは考えた。それができたら、今度は問題を解決するためにいくつかの仮説をうちたてる必要がある。この創造的で想像力の求められるプロセスでは、状況があたえる以上のことを考えなければならない。

「…それはいくぶん推測的で、冒険的な取り組みだ。（中略）そのためには飛躍、跳躍が求められる。仮説の妥当性は、どんなに注意深く取り組んでも前もって確実に保証することはできない」

この探究プロセスの最終段階では、これらの仮説の意味を検討し、そして、これが重要なところなのだが、実際に実験してみなければならない。それまで人々が日常に起こる物事と行動を調和させるために用いてきた習慣の枠組みに、新しい考えを組み入れてみたときに、はじめてそれは解決策となる。試してみてうまくいったことが真理なのである。この種の探究を達成するためには、柔軟で洗練された思考能力をもたなければならない。ここに、人々を教育する方法がはっきりと見えてくる。デューイは教育が一方的に説明するだけのものであってはならないと強く訴えた。

デューイが1952年に死去したころには、職業的哲学者たちはプラグマティズムにはあまり関心を向けなくなっていた。しかし、教育理論やリベラル進歩思想への影響の大きさはもちろん、彼は哲学界の重要人物としても確固たる地位を占めている。

デューイは、教育は学生が吸収すべき情報をただ教えるのではなく、情報や状況に対して想像力を働かせることを覚えさせ、活動的・協力的な学習習慣を身につけさせることを目的にすべきだと論じた。

カール・グスタフ・ユング
人格の元型理論を発達させる

Carl Gustav Jung

生年
1875年、ケスヴィル、スイス

没年
1961年、キュスナハト、スイス

カール・ユングは1906年からジークムント・フロイトに師事し、のちには友人となり、その関係は1913年に仲たがいするまで続いた。ユングは精神的機能にかんする独自の理論を発達させ、精神は３つの別個の、しかし相互作用する部分に分けられると論じた。意識、個人的無意識、そして、集合的無意識である。

意識はその人が自覚している精神的側面だ。ユングは、個人が世界にどう向きあうかを決めるふたつの人格タイプがあると主張した。「外向性の人」は本能的エネルギーを外の世界に向ける。「内向性の人」は内を見て、主観的な感情と経験に関心を向ける。

ユングの無意識の扱いは、意識の扱いほどには明確ではなかった。とくに、彼の集合的無意識についての見解は、主流の精神分析理論とは一線を画す。ユングによれば、人間は祖先から受け継いだ本能によって、祖先がかつてそうしたのと同じように世界を経験する。「元型」と名づけられた集合的無意識の数多くの型には、「ペルソナ」——外の世界に見せる顔、「影」——動物的本能の源泉、「自己」——人格を構成する手段などがある。

集合的無意識という概念はユングの理論のもっとも特徴的な部分だが、同時にもっとも問題を抱えた部分でもある。実際に、多くの人がこの見解には科学的理論というより神話と共通する部分のほうが大きいと考えている。最大の問題は、この概念が簡単には実証できないことにある。そのため、この説を支持するような証拠は必然的に状況証拠となる。祖先の経験を思い出せるとする考えにも問題がある（ただし、ユングの理論でこの点がどれほど示唆されているかは議論の対象となっている）。実際のところ、この説にはほとんど勝ち目はない。これを可能にするには、祖先が後天的に得た特徴を受け継ぐことが必要になるが、遺伝子の働きがわかっている今となっては、その可能性は除外される（あなたの祖父がピアノの弾き方を覚えたという事実は、あなたが生まれながらにしてピアノの弾き方を習得していることを意味しない）。

ユングの研究は経験的な根拠に欠けるという点で欠陥があると判断せざるをえないが、まちがいなくフロイトの精神分析からの興味深い派生的理論を構成している。

ユングは、リビドーが完全に性的な本能であるとは考えなかった。したがって、フロイトとは違って、すべての神経作用は性的葛藤という点から理解されるという考えを否定した。

ジャン・ピアジェ

認知的発達を分析する

Jean Piaget

生年
1896年、ヌーシャテル、スイス

没年
1980年、ジュネーヴ、スイス

ジャン・ピアジェは知的発達の理論でもっともよく知られている。人間の発達段階は遺伝によって決まっており、それが特定の認知的能力の発達を支配するという理論だ。

ピアジェは4つの発達段階を特定した。「感覚運動期」は生まれてから2歳までの時期で、この段階の最大の達成は対象の永続性を認識することだ。つまり、子どもは接触する対象に対して、それを別個の独立した存在として認識する。第二の「前操作期」はだいたい2歳から7歳までの時期に相当し、記号や言語を使い、操作する能力を発達させる。第三の「具体的操作期」は7歳から11歳までで、対象に論理的な原則をあてはめられるようになる。また、自己中心的な態度が薄れてくるのもこの段階で、自分の視点が多くのなかのひとつにすぎないことを認識する。最後の「形式的操作期」はだいたい11歳から15歳までの時期で、文脈から離れた抽象的思考ができるようになる。ピアジェの考えでは、ほとんどだれでも20歳までにはこの発達段階に達する。

ピアジェは、すべての人間の遺伝子に組みこまれた知的発達は、「同化」「不均衡」「適応」のプロセスによってうながされると考えた。子どもは世界を理解するために「スキーマ」とよばれる行動的・知的な枠組みを利用する。純粋に新しい経験に直面した子どもは、その経験を既存のスキーマに同化させることができない。これが不均衡状態を生み出す。このいきづまりから脱する方法は、その新しい経験に適応するために既存のスキーマを変化させ、ふたたび均衡状態をとりもどすことになる。この適応プロセスによって、知的発達がうながされる。

ピアジェの理論に対しては批判がないわけではない。しかし、彼の研究はとくに教育分野に多大な影響をあたえた。なかでも重要なのは、たとえ知的発達が比較的予測できる形で生じるとしても、子どもに能動的な学習環境をあたえ、実験や環境との相互作用を重視することで、このプロセスを効果的に後押しできると示したことだ。

ピアジェは、5歳の子どもと12歳の子どもでは、世界の理解のしかたが質的に異なると主張した。同じように、12歳の子どもが世界を理解する方法も、大人が用いる方法とは異なる。

B・F・スキナー
心理学的行動主義を提唱する

B. F. Skinner

生年
1904年、ペンシルヴェニア州サスケハナ、アメリカ

没年
1990年、マサチューセッツ州ケンブリッジ、アメリカ

おそらく20世紀のもっとも著名な心理学者であるB・F・スキナーは、人間の心のなかで起こることには関心をもたなかった。そのかわりに、心理学は観察・測定できる行動だけを扱うべきだと考え、とくに行動の背景となる刺激と反応のパターンを調べることを重視した。

心理学分野へのスキナーの最大の貢献は、彼の「道具的（オペラント）条件づけ」理論だろう。これをわかりやすく説明しているのが次の例だ。1匹のネズミが迷路を走りまわっていると、途中にレバーがある。しばらくは無視しているかもしれないが、ネズミはある時点でレバーを押してみる。すると餌を得ることができる。餌の存在は報酬に先だつ行動（レバーを押すこと）を強化する効果があり、ネズミはレバーを押すように条件づけされる。この「効果の法則」について最初に明記したのは、心理学者のエドワード・ソーンダイクだった。「報酬が得られる段階につながる状況への反応は強化され、その状況への習慣的反応を生じさせる」とするものだ。

ネズミの事例は「正の強化」の例となる。つまり、レバーを押すという行動はネズミが好きななにかをあたえられることによって強化される。スキナーはほかにもふたつの条件づけの形を特定した。ひとつは「負の強化」にもとづいたもので、嫌悪される物事の状況（たとえば痛み）をとりのぞくために、ある行動が強化される。もうひとつは「罰」にもとづいたもので、結果として不快な刺激（やはり痛みなど）が生じるために特定の行動が避けられるようになる。

忘れてはいけないのは、スキナーの行動主義が実際に徹底的なものだったことだ。彼は、ほぼすべての行動が上記のようなさまざまな強化のパターンによって決定されると考えた。つまり、自由意志という考えは幻想ということになる。人間はまぎれもなく環境の産物だといっているに等しい。スキナーは人の行動についての自分の理論の正しさを、さまざまな種類の動物に複雑なタスクをこなすように条件づけすることによって実証した。なかでも有名なのは、ハトに卓球を教えこんだものだ。

しかし、彼の理論は大きな影響をおよぼしたものの、今ではあまりに単純化しすぎた理論であることがわかっている。結局、人間の心の「ブラックボックス」のなかで起こっていることがはかりしれない重要性をもつのだ。とはいえ、行動主義が心理学研究の重要なアプローチのひとつであることは変わらない。とくに精神療法の分野で洗練された認知的手法と組みあわせると効果を発揮する。

スキナーは、すべての行動はさまざまな強化のパターンによって決定されると考えた。レバーを押すことで餌という報酬を得られるとわかったネズミは、レバーを押す行動をくりかえすことをすばやく学ぶ。

アブラハム・H・マズロー
Abraham H. Maslow

欲求の階層の概念を発達させる

アブラハム・H・マズローは第２次世界大戦後のアメリカで発達した人間性心理学の重要人物だ。行動主義や精神分析とは対照的に、心理学における「第三の波」である人間性心理学のアプローチは実存主義哲学に負うところが大きく、人間の経験、個人的成長の潜在能力、そして自己実現の可能性を重視する。

マズローは、人間の動機づけは欲求の階層という観点から理解できると考えた。底辺にある生理的欲求の上に安全欲求、所属欲求、愛情欲求があり、最上部に「自己実現」の欲求がある。自己実現は、自分の能力を最大限に生かす可能性のことで、いいかえれば「その人がなれるどんなものにでもなる」可能性を意味する。欲求の階層を上がるほど、その欲求は生理的なものから離れて人生経験に左右されるようになり、欲求を満足させることはどんどんむずかしくなる。

だれでも自己実現を達成することはできるが、マズローはほとんどの人が達成する意志をもたないか、ほんのかぎられた範囲の達成しかめざしていないと論じている。彼は自己実現者に典型的にみられる特徴を特定した。たとえば、彼らは行動や思考が自発的で、現実を正確に認識することができ、属する文化から比較的自立し、不確実さを喜んで受け入れ、創造的で、問題解決に興味をもち、少数の人だけとの深い関係を好む。

マズローは、自己実現者は生涯に多くの至高体験をもつようだとも言っている。これは、自意識を失うほどの最高レベルの幸福感や達成感を味わう瞬間のことで、その人の行動の将来の道筋をよい方向に変えることが多い。マズローはだれもが至高体験を経験できるが、自己実現者はふつうの人より多くそれを経験すると考えた。

マズローが提唱したこの理論が、人々が精神的健康を得るのにかならず役立つかどうかはわからない。しかし人間性心理学は、行動主義心理学の科学主義と精神分析の独善的な還元主義を修正するという点ではまちがいなく重要な役割を果たした。

生年
1908年、ニューヨーク、アメリカ

没年
1970年、カリフォルニア州メンロパーク、アメリカ

マズローは、人間の動機づけは欲求の階層という観点から理解できると考えた。食べ物の欲求のような根本的な欲求が満たされないうちは、より緊急性の少ない欲求が動機づけの力をもつことはない。

ローレンス・コールバーグ
Lawrence Kohlberg
道徳性発達理論を提唱する

ある女性が死にかけているところを想像してほしい。彼女を救えるかもしれない薬があるにはあるが、特定の店で1万ドルを一括で支払わないと購入できない。女性の夫のハインツは借金をしてまわるが、半分しか集まらない。彼は店主に自分の妻が死にかかっている、頼むから薬を安く売ってくれないか、そうでなければ残りを後払いにしてくれないか、と頼みこむ。店主はその売り上げから利益を得られることはわかっているのに応じない。やぶれかぶれになった夫は、店に押し入って薬を盗む。

心理学者のローレンス・コールバーグはこのようなシナリオ——彼の有名な「ハインツのジレンマ」の1ヴァージョン——を使って、道徳性発達の「段階理論」を考案した。知的発達の各段階で、人は自分がくだす道徳的判断に異なる理由をあたえる。たとえば、小さい子どもはハインツの行動について彼らが引き出す結論に、大人とは異なる理由をあたえるだろう。重要なのは特定の行動についての判断が正しいかまちがっているかではなく——ハインツが薬を盗むことが正しいかまちがっているかではなく——、その判断に導いた理由づけのプロセスだ。

コールバーグは道徳的判断を3つのレベルに分けた。それぞれのレベルがさらにふたつの段階からなる。最初の「慣習以前」のレベルでは、善悪の概念は権威者によって、あるいは罰を受ける可能性によって決められる。同じレベルの第二段階では、ある行動が報酬をもたらすかどうかで判断される。したがって、小さな子どもなら、ハインツが悪い行動を起こしたのは、彼が捕まって罰せられたかったからだと考えるかもしれない。ほとんどの青年と大人が達する「慣習」レベルでは、道徳の理由づけは、より大きな社会的集団のメンバーと強く結びつけられる。このレベルの第一段階では、他者の承認を得られるような行動がよいものとみなされる。第二段階では、合法的で義務であることが理由づけとなる。第三の「慣習を超えた」道徳性発達レベル（コールバーグによれば、人口の5分の1だけがこのレベルに達する）は、より抽象的な性質をもつ。その第二段階（達成されることはほとんどない）での道徳的理由づけには、正義や人間の尊厳のような普遍的概念がふくまれるようになる。

コールバーグは道徳性の発達がどのように認知的発達と結びついているかを示し、そのためには個人が自分の道徳的理由づけのプロセスに取り組み、それについて考え、議論することが必要になると示した。道徳性発達の各段階は飛び越えることはできず、今いる場所のすぐ上にある発達段階の妥当性を判断しながら進まなければならない。

生年
1927年、ニューヨーク、アメリカ

没年
1987年、ボストン、アメリカ

コールバーグは被験者に道徳的ジレンマをあたえ、彼らの反応からその背景で働く理由づけを分析し、道徳性の発達を研究した。そして、道徳的理由づけの能力は、知的発達と平行して段階的に発達するという結論に達した。

ノーム・チョムスキー
普遍文法を検証する

Noam Chomsky

生年
1928年、フィラデルフィア、アメリカ

ノーム・チョムスキーの著書『文法の構造』が出るまでは、言語の発達にかんする支配的理論は、子どもが言語を身につけるのは訓練と経験（とくに選択的強化のメカニズム）をとおしてであるとされていた。しかしチョムスキーは、人間は生まれながらにして言語の概念を理解する能力をもっていると主張した。

チョムスキーによれば、人間はふたつの異なる言語構造のあいだを行き来できる。たとえば、「ネコはネズミを食べる」と「ネズミはネコに食べられる」というふたつの文を考えてみてほしい。どちらも意味は同じだが（深層構造）、異なっているように見える（異なる表層構造）。簡単にいえば、チョムスキーは、人々が意味ある文章を述べることができるのは、一連の「転換ルール」を使って自分が言いたいこと（ネズミがネコの餌になって終わる）の意味を特定の言葉やフレーズ（「ネコがネズミを食べる」）に変換できるからだと考えた。つまり、ある文章の意味は深層構造によって構成されるが、人間が言語を理解できるのは、生まれながらにしてもつ普遍的で抽象的なルールによって、深層構造を表層構造――つまり単語とフレーズ――に置き換える能力があるからだ。

その働きを裏づける、非常に力強い証拠がある。子どもが出会う文章の数は、彼らが作ることのできる文章の数のほんのわずかな割合でしかない。さらに、子どもたちが接する話し言葉は完全な形のものではない。人の話す文章は不完全で、不明瞭に発音したり、まちがったりして、自分の発言の表層構造をそこなっている。それでも子どもは言葉を学んでいく。しかも、言語を使う周囲の人たちが明確な意図をもって教えこむまでもなく、自然に覚えることができる。チョムスキーによれば、こうした現象は生まれながらの「言語獲得装置」の存在でしか説明されない。

文章転換の文法についてのチョムスキーの研究は、その詳細部分については多数派の見解とはいえないながらも、20世紀後半の言語学研究に革命を起こした。そう考えると、彼が今では政治的見解のほうでよく知られているのは、残念なことかもしれない。なぜなら、その政治的見解が人々に忘れられてからも、彼の言語学への貢献についてはずっとのちまで語り継がれることになるはずだからだ。

チョムスキーはネズミがネコに食べられて終わるという例を利用して、人は生まれながらにしてもつ「転換ルール」を採用して特定のフレーズや文章を作り出していることを説明した。「ネコはネズミを食べる」でも、「ネズミはネコに食べられる」でも、わたしたちはどちらも同じ意味を表しているのだと理解することができる。

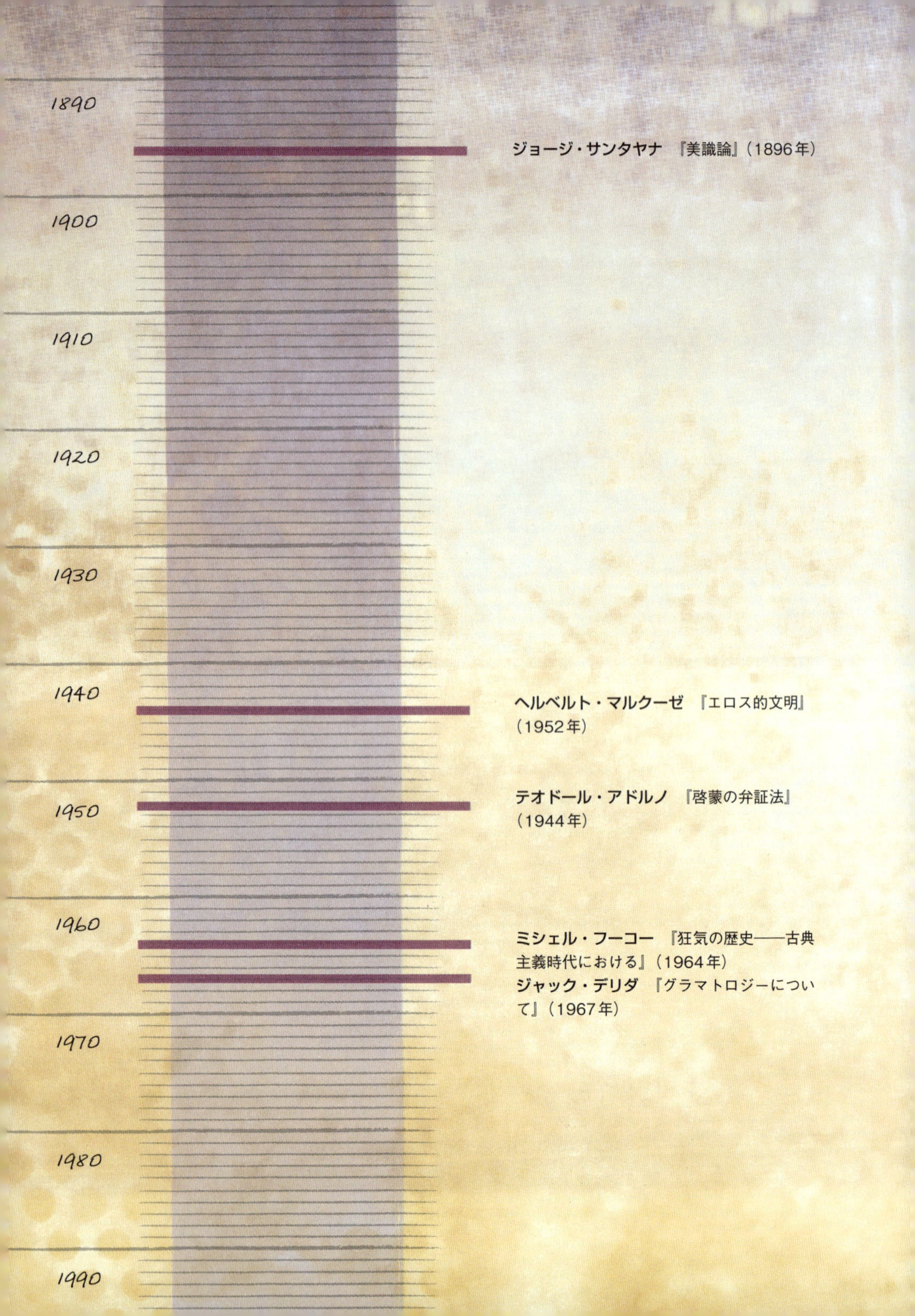
1890
1900
1910
1920
1930
1940
1950
1960
1970
1980
1990
ジョージ・サンタヤナ 『美識論』（1896年）
ヘルベルト・マルクーゼ 『エロス的文明』（1952年）
テオドール・アドルノ 『啓蒙の弁証法』（1944年）
ミシェル・フーコー 『狂気の歴史――古典主義時代における』（1964年）
ジャック・デリダ 『グラマトロジーについて』（1967年）

第５章
批判的思考

この章でとりあげる理論と思想は、現代の哲学者たちの関心がいかに広い範囲におよぶかを証明するものだ。批判的思想の多くが急進的なのは、人間の解放をすべての問題の中心にすえているからである。ここで考察する各種の理論は、抑圧的な人格構造、経済的隷属、人間を従属させる機能を果たす全体主義的な発言から生じる、権力と支配の関係を説明することをめざしている。

ポストモダニズム

ポストモダニズムは幅広く自由に使われている言葉だが、実際のところ、はっきりした意味は定まっていない。定義をあたえることも、その本質を抽出して要約することも非常にむずかしい。そのため、これがどのような思想なのか、その感触をつかむための最善の出発点は、おそらく特定の分野、たとえば映画を例にあげて、なにを基準に「ポストモダン」とよんでいるかを考えることだろう。

ポストモダン映画は主流の映画製作でもめずらしくなく、典型的なものには『スクリーム』シリーズ、そのパロディである『最終絶叫計画』(偶然にもポストモダニズムをパロディにしている)、さらには『ゆかいなブレディー家』などがある。これらの映画はポストモダンとして分類される多くの共通点をもつ。そのひとつが、さまざまな形での自己言及だ。たとえば『スクリーム』の登場人物たちは、もしこれがホラー映画だったら次にはなにが起こるだろうと話しあっている。『最終絶叫計画』では、ポストモダンのホラー映画の自己言及的な要素自体が誇張されて滑稽さを出している。たとえば、冒頭シーンは『エクソシスト』のばかげたパロディで、パロディのパロディとして機能している。

これらの映画はその自己言及的な要素をとおして、スクリーン上の出来事は「現実の」世界を反映したわけでも、そのなにかを代表しているわけでもないと示唆している。実話であるかのように見せる特別な手法で撮影された『ブレア・ウィッチ・プロジェクト』などとは違い、『スクリーム』シリーズの観客は、自分が観ているのはまちがいなく架空の話だと確信できる。さらに、『スクリーム』はそれが架空の話だと示すだけでなく、どんな芸術的意図があろうと、すべての映画がそうなのだと暗に伝える抜け目なさももっている。

こうした皮肉をこめた自己言及的性格と、見かけ以上のなにかが

「ポストモダニズムとは、モダニズムの枠組みのなかで、提示できないものを提示するものということになるだろう。（中略）新しい提示のしかたを求め（中略）提示できないものの存在を強く意識させるのだ」

ジャン・フランソワ＝リオタール、『ポストモダニズムとはなにか』

あるという考えの否定、つまり、外見に隠れた本物の世界などはないという主張は、ポストモダニズムに共通する特徴だ。たとえば哲学であれば、ポストモダンのアプローチは文章——実質的には言語——が現実世界を反映するという可能性を否定する。ジャック・デリダは彼が「現前の形而上学」とよぶものを否定した。これは、決定的な意味は現実世界の物事を反映する言葉自体のなかにあるという考えだ。

映画のなかのポストモダニズムは愉快だが、哲学の世界ではその効果はずっと辛辣なものになる。ポストモダニズムの信奉者たちはこの思想を、世界について真実を語ることは不可能だと意味するものととらえた。これは哲学的にも政治的にも破壊的な影響をもたらしかねない。たとえば、もしホロコーストが起こったのかどうかについての真実が存在しないのであれば、ホロコーストを否定する人たちにどう反論すればいいのだろう？　こうした種類の思考が多くの人をポストモダニズムから遠ざけてきた。したがって、ポスト＝ポストモダニズムを語るのが現在の主流になっている。

ジョージ・サンタヤナ
美の理論を形作る

George Santayana

生年
1863年、マドリード、スペイン

没年
1952年、ローマ、イタリア

サンタヤナは著書『美識論』に自身の美学理論の概要を記した。彼がこの書で取り組もうとしたのは、「なぜ、いつ、どのように美は生じるのか、あるものを美しくする条件とはどのようなものか、人間がもって生まれたどのような性質がわたしたちに美意識をもたせるのか、そして、物体の構造とわたしたちの感受性への刺激はどう関係しているのか」を論じることだった。

サンタヤナは、美とはある対象について考える喜びであり、喜びはその対象自体のひとつの特徴なのだと結論した。美は「価値」であって、世界についてのなんらかの事実の知覚ではない。なぜなら、世界に科学的にアプローチすることは美的にアプローチすることではないからだ。美とは「わたしたちの意志にもとづいて対象を観賞しようとする感情」なのだ。わたしたちが同じように価値をおく道徳性とは対照的に、美は否定的な側面をもたず、その価値は完全に「肯定的、本質的、具体化されている」とサンタヤナは論じた。

おそらく彼のアプローチのなかでとくにとまどわせるのは、喜びを対象に本来そなわる性質の一部としている部分だろう。この考えは矛盾を抱えているように思える。喜びは主観的なものだが、事物はそうではない。しかし、さらにつきつめて考えれば、これはそれほど奇妙な考えではないのかもしれない。たとえば、美しく晴れた日に丘の頂に立ち、眼下に広がる景色を眺めるところを想像してみてほしい。そうした瞬間に感じる喜びが、見ている対象に「感染」し、その対象の一部として感じられるのもわからないことではない。したがって、美は「感情的な要素であり、わたしたちの喜びであり、それにもかかわらず事物の性質としてとらえられるもの」となる。

サンタヤナが構築した美の論理の重要性については、批評家のあいだで意見が分かれている。美を喜びの「経験」のなかに位置づけたことで、喜びをひき起こす対象の形態や内容にかんしてのとらえ方が不十分だと考える人たちもいる。しかし一方では、「美を現実的に」とらえたとして彼を称賛する人たちもいる。1955年版の著書の序文では、アメリカの美学の成熟に果たした貢献をたたえられている。

サンタヤナは、自然主義的な哲学的アプローチをとり、哲学は抽象的・合理的思索の領域ではなく、現実世界の「物事が起こる中心」を出発点にすべきだと考えた。

ヘルベルト・マルクーゼ 過剰抑圧理論を展開する

Herbert Marcuse

生年
1898年、ベルリン、ドイツ

没年
1979年、シュタルンベルク、ドイツ

第2次世界大戦直後の欧米社会に暮らすマルクス主義者にとって、資本主義は不健全きわまりないものに思われた。当時は完全雇用がほぼ達成され、技術発展と消費主義のいちじるしい成長がみられた時期だった。その結果、共産主義であれ別の形であれ、革命の可能性ははるか彼方に遠のいた。20世紀後半のマルクス主義は時代に即したものにするため、新たな刺激を必要としていた。

ヘルベルト・マルクーゼは、著書『エロス的文明』でこの刺激をあたえることをめざした。マルクス主義とフロイト主義を結合させることで、資本主義社会を徹底的に批判しようとしたのだ。フロイト理論の中核には、人間の本能的エネルギーは現実原則の支配下にあるため、自己保存の必要のために抑圧されるという考えがある（人間は食べたり眠ったりする必要があるため、すべての時間をセックスについやすことはできない）。

マルクーゼは、抑圧の程度はその社会の必要によってさまざまに異なり、階級的搾取にもとづく資本主義社会では、支配階級の利益のために本能的エネルギーの過剰抑圧（自己保存のために求められる以上の抑圧）を求める「実行原則」があると論じた。この抑圧は経済状況が悪くなると強化される。しかし、マルクーゼによれば、資本主義社会では実行原則によってもたらされた技術発展を利用したことで、そうした経済的欠乏状態はほぼなくなり、その結果として過剰抑圧の必要もなくなっている。もし過剰抑圧が根絶されれば、本能的エネルギーの解放が社会を大きく変革し、個人と社会の性質も変わる、とマルクーゼは考えた。

しかし、マルクーゼは1960年代なかばに『一次元的人間』を書いたころには、根本的な社会変革の可能性にもっと悲観的になっていた。現在では、共産主義革命の可能性はさらに遠のいたように見える。それがマルクーゼの哲学者としての評価にも当然ながら影響した。マルクス主義は今では歴史上に現れた奇異な出来事のように思え、マルクーゼの思想もその求心力を失った。

マルクーゼは資本主義社会の必要以上の豊富さが、実質的に個人から選択の自由を奪うことで支配する「偽の必要」の体系を生み出し──たとえば広告の効果を利用して──労働者階級を無力にしたと論じた。

テオドール・アドルノ

権威主義的パーソナリティを検証する

Theodor Adorno

生年
1903年、フランクフルト・アム・マイン、ドイツ

没年
1969年、フィスプ、スイス

テオドール・アドルノはマルクスの資本主義分析を受け入れはしたが、現代資本主義社会は進歩的政治運動を生み出していないと感じた。それどころか、実情はまったく反対で、たとえばナチ・ドイツでは労働者階級がファシズムの大義に吸収された。

フランクフルト学派の研究所で同僚のマックス・ホルクハイマーと共同執筆した『啓蒙の弁証法』のなかで、アドルノは近代化の危機はある種の理性の支配と結びついていると論じた。未知のものへの恐怖にもとづいた啓蒙主義的思考は、すべてのものをその道のりにとりこもうとする全体主義的な手段的合理性を生み出してきた。それによって、人間は社会的・政治的管理の名のもとに支配される対象となった。したがって、国家社会主義は効果的に人間性を奪う技術的合理化の結果なのだ。

ファシズムは、別の時代なら野蛮だと思われただろう行動を大勢の人間が受け入れる覚悟ができていたことを実証した。このことからアドルノは、ナチ時代を特徴づけた共謀パターンを説明するような人格的症候群があるのだろうか、と考えるようになった。彼の理論は、バークレーの研究者グループと共同で書き上げた『権威主義的パーソナリティ』にまとめられている。

アドルノは、ある少数派グループに対して偏見をもつ個人は、別のグループに対しても偏見をもちやすいと指摘した。偏見は権威主義的パーソナリティの特徴である特定の信念や態度と関連している。とくに、権威主義者は硬直した信念と「因習的な」価値観をもち、自分に対しても他人に対しても弱さやあいまいさをがまんできず、懲罰を好み、権威に対して強い敬意をもちやすい。

アドルノらはこの本のなかで、権威主義は反ユダヤ主義や自民族中心主義と強く結びついていることに気づき、権威主義者はファシズムのような反民主主義的イデオロギーを受け入れる遺伝的性質があるのかもしれないと示した。

アドルノの権威主義的パーソナリティの研究には欠陥もあるが、発表から50年がたった今も変わらず、重要で意義深い研究として位置づけられている。

アドルノは、権威主義は思考の一様式で、個人の社会的・政治的・経済的見解は、彼らの人格の傾向を反映した統合的パターンを形成すると論じた。

ミシェル・フーコー
対話の力を分析する

Michel Foucault

生年
1926年、ポワティエ、フランス

没年
1984年、パリ、フランス

ミシェル・フーコーの哲学者としての偉大さは、彼が権力と知識の関係性を見なおした独創的で驚くべき方法にある。権力と対話の関係性において、人間は知識をもち、学び、みずから知る対象であるとするのが彼の主張だった。

フーコーが意味したのは、わたしたちの他人についての、また自分自身についての知識は、特定の見方で世界を見る機能だということである。たとえば現代的精神分析の用語を使えば、統合失調症の人は精神的に「病気」で、診断基準として特定の「状況」をもち、その病気を治療し制御するために、特定の医学的な助けを必要とする。

フーコーにとって、権力と知識は分かちがたく結びついている。著書『狂気と文明』のなかで、彼は人々を「正気」と「狂気」に分ける「分類慣行」が、社会的コントロールの一形態としてどのように機能するかを示した。ある人に精神病だというラベルを張れば、彼らの「異質性」が社会的秩序にもたらす脅威を中和することができる。社会的コントロールは、みずからそれを課すときにもっとも効果的になる。たとえば、もし人々が自分の性的な態度をコントロールできるのであれば、社会のなかに「逸脱した」性的行動が生じる必要はなくなる。個人が自分自身を監視するのである。

著書『監視と処罰』（監獄の誕生）のなかで、フーコーはジェレミー・ベンサムの円形刑務所が、収容されている囚人にみずからを自発的に監視させるという考えにもとづいたものだと説明した。円形刑務所の構造は、看守がそこに実際にいてもいなくても効果的に機能する。囚人は自分が監視されているかどうかわからないので、つねに監視されていると想定して行動しなければならない。

フーコーによれば、円形刑務所は統合された監視技術として、権力と知識、そして身体と空間のコントロールを結びつけている。それと同じものがもっと広い社会にも見つかる。社会的コントロールは個人の発言や習慣が性的、道徳的、身体的、精神的に健全なものかどうかをみずから監視するときにもっとも効果を発揮する。

もしフーコーが示唆するように、権力があらゆるところにいきわたるのであれば、人々がその効果から自由になることができるのかどうかはわからない。しかし、哲学の価値は、それがさまざまな形の社会的コントロールを可能にする権力構造を理解するのを助けてくれることにある。この意味で、哲学は抵抗への最初の一歩になる。

フーコーは、円形刑務所――中央の監視所をとりまくように独房が配置された刑務所――は、監視技術としては完璧だと論じた。囚人はつねに見られているという恐怖のもとで、自分自身の行動をつねに監視しなければならない。

ジャック・デリダ
脱構築理論を創始する
Jacques Derrida

生年
1930年、エル・ビアル、アルジェリア

没年
2004年　パリ、フランス

脱構築主義の創始者であるジャック・デリダの著作は、難解なことで有名だ。その理由の一部は、彼がわざと実験的、挑発的な執筆スタイルをとりいれたことにある。たとえば『弔鐘（Glas)』では、それぞれのページを二分し、片方ではヘーゲルを、もう片方では著述家のジュネを扱っているが、同時に両方に微妙な関係性をもたせている。デリダは新しい言葉を作り出し、文語調の効果をくわえることも好んだ。さらには、相対的に不適切であることを強調するために言葉に横線を引いて消すことも好んだ。

デリダの著作の中心的テーマは、「意味」というものが、とらえどころがなく、複雑で、多面的で、予測不能な概念だと示すことだと考えていいだろう。つまり、脱構築を簡単に表現すれば、みずからの意味をあえて乱暴に疑いの渦に放りこむような文章を読む方法にかんするものだ。通常、わたしたちが文章を読むときには、言葉を世界の事物を表現する方法と結びついた決定的意味をもつものとして扱う。

脱構築は文章へのこのようなアプローチ法を拒絶し、それは保証のない「現前の形而上学」にもとづいていると論じる。そのかわりに、脱構築主義の文章読法は、それがなにを言っていないかを決めることをめざしているのかもしれない。要するに、文章に欠けているものが、そこにあるものについて多くを教えてくれると考える。あるいは、文章のなかに隠れた矛盾やあいまいさを探そうとするのかもしれない。その文章がみずからをそこなっている部分を探すのだ。

この主張には反論の余地がないように思える。結局のところ、人々は何世紀ものあいだ、隠れた意味を求めて文章を分析してきた。しかし、問題がひとつある。言語の予測できない性質と文章の自己言及的性質は、言葉は世界の事物の状態に言及することはなく、したがって真実とフィクションのあいだの区別は現実的意味をなくすと示唆しているようだと言っている点だ。『グラマトロジーについて』のなかでは、「文章の外にはなにもない」と主張し、別の著作では「超越性の欠如が領域とその象徴の役割を無限に拡大する」と論じた。

この種の表現は、より抑制的な英語圏の哲学者に疑いをもたせる。このように、デリダの哲学者としての評価は両極端であることに特徴づけられる。彼は20世紀のもっとも重要な思想家のひとりであり、また一方で大ほら吹きであり、言語の複雑さを利用して、その思想の中身のなさを隠蔽したともいわれる。

デリダは、物事の表面にごまかされず、その下にあるものを見て、隠れた意味を引き出すことの重要性を強調した。このアプローチは脱構築として知られるようになった。

用語解説

因果律：ふたつの出来事のあいだの因果関係を意味する。一方の出来事（原因）の発生がなんらかの形で他方を結果として生じさせる（効果）。因果律の正確な働きについては、現在も哲学的議論が続いている。

エディプス・コンプレックス：古代ギリシア神話のオイディプスに着想を得たフロイトの理論で、小さい子ども、とくに息子が反対の性の親に性的欲望をもつというもの。フロイトは、小さい子どもが同性の親を性的ライバルではなくみずからと同一視するときに、エディプス・コンプレックスは解消されると考えた。

経験論：世界についての純粋な知識は五感で得る情報から引き出されるという主張。科学的領域では、経験主義は経験、観察、測定の重要性を強調する。

決定論：すべての出来事はほかの出来事の結果であり、その出来事もまた別の出来事の結果である、という連鎖を主張する理論。それがほんとうであれば、すべての人間の選択は結果であり、つまりなにかの原因があって生じたということになり、人々は今そうしている以外の行動をとれないという悩ましい考えにつながる。

自然状態：現実の社会に通常存在する政府や各種の社会的制約がない、想像上の状態。

自由意志：一般には、人間が純粋に結果のわからない選択をする可能性があるという主張をふくむあいまいな概念。自由選択に必要な条件は、まったく同じ状況でも、ふたたび同じことが起こるとはかぎらないということだ。

集合的無意識：人間一般に共通する、遺伝によって受け継がれた無意識に言及するユングの概念。これはユングの元型の概念と結びつけられて、世界各地の神話に登場する多くの物語、テーマ、イメージの普遍性を説明するために用いられる。

自由放任資本主義：資本主義は生産手段の私的所有にもとづいた経済システムで、利益獲得を動機づけとする個人と企業が自由市場で競争する。たとえ結果として社会的欠乏状態が生じるとしても、このプロセスへの政府の介入がないかぎりは、資本主義は自由放任の原則にもとづく。

全体主義：絶対的権力と唯一の政治的行為者（人物であれ政党であれ）の権威にもとづいた政治体制。この権力と権威は社会の政治、社会、文化的生活に深く浸透する。ナチ・ドイツとスターリン時代のソ連が全体主義社会の並列的な例となる。

相対主義：相対主義は多くの異なる形をとる。たとえば道徳的相対主義は、道徳的判断は特定の文化や会話の観点からのみ正しい、またはまちがっていると主張する。認識論的相対主義は、世界についての知識について同じ主張をする。つまり、世界の本質についての発言は、特定の社会および（または）言語的背景にしたがって正しいかまちがっているかが決まる、と考える。

ソフィスト：古代ギリシアの哲学者グループで、プラトンの数多くの対話篇に登場するプロタゴラスらをふくむ。彼らはおそらく論理学や修辞学のスキルを使って、真実であれ虚偽であれ、どんな立場についても論じられる能力をもっていたとされる。したがって、「詭弁（ソフィストリー）」という言葉は、あざむいたり混乱させたりするために議論を使うことを表す。

存在論：存在または実在することの研究。たとえば、宇宙は物質でできているという主張——実質をもつが時空が離れた場所にある——は、存在論的な主張を成立させる（なぜなら現実の性質についての主張であるため）。

道徳性：「そうすべきだ」「そうしなければならない」という考えにもとづいて行動を判断できること。おそらく道徳的な「すべきこと」（他人を傷つけるべきではない）と非道徳的な「すべきこと」（睡眠を削るべきではない）のもっともわかりやすい区別は、道徳的な「すべきこと」に違反すると、非難に値すると感じられることだろう。つまり、それを「すべき」であるときは道徳的に正しく、それを「すべきでない」ときには道徳的にまちがっている。反対の行動をとれば、制裁が待ち受けている。

ヘゲモニー：もっとも一般的な意味では、あるグループがほかのグループに対して行使するコントロールまたは（および）権限。しかし重要な点は、コントロールと権威は力以外の手段によっても達成できるということである。たとえば、力をもつグループは全般的な権力を維持するために、力のおとるグループに歴とした譲歩をするかもしれない。

非物質論：世界は物理的現実としてではなく、心のなかに知覚や思考として存在するという概念。

無道徳主義：無道徳的な行動とは、道徳的判断を考慮に入れない行動のことをいう。これは不道徳とは異なる。不道徳は道徳的主張の妥当性を受け入れていることを意味するからだ。無道徳は道徳的判断をすること自体を不適切とみなすか、道徳的判断の可能性を拒否することを意味する。

理神論：信仰、啓示、聖書よりも、理性にもとづいた神への信仰。17世紀に流行した理神論は、自然界の働きの規則性や優雅さのなかに、善なる神の手仕事を見ることができるという考えと結びついていた。

輪廻：人の死後に、その魂がほかの人間や動物の肉体に受け継がれるという概念。

索引

＊項目になっている人名の項目ページはここにふくめていない。